読書をこよなく愛した小林一三　1951年（78歳）

小林一三関係の家系図

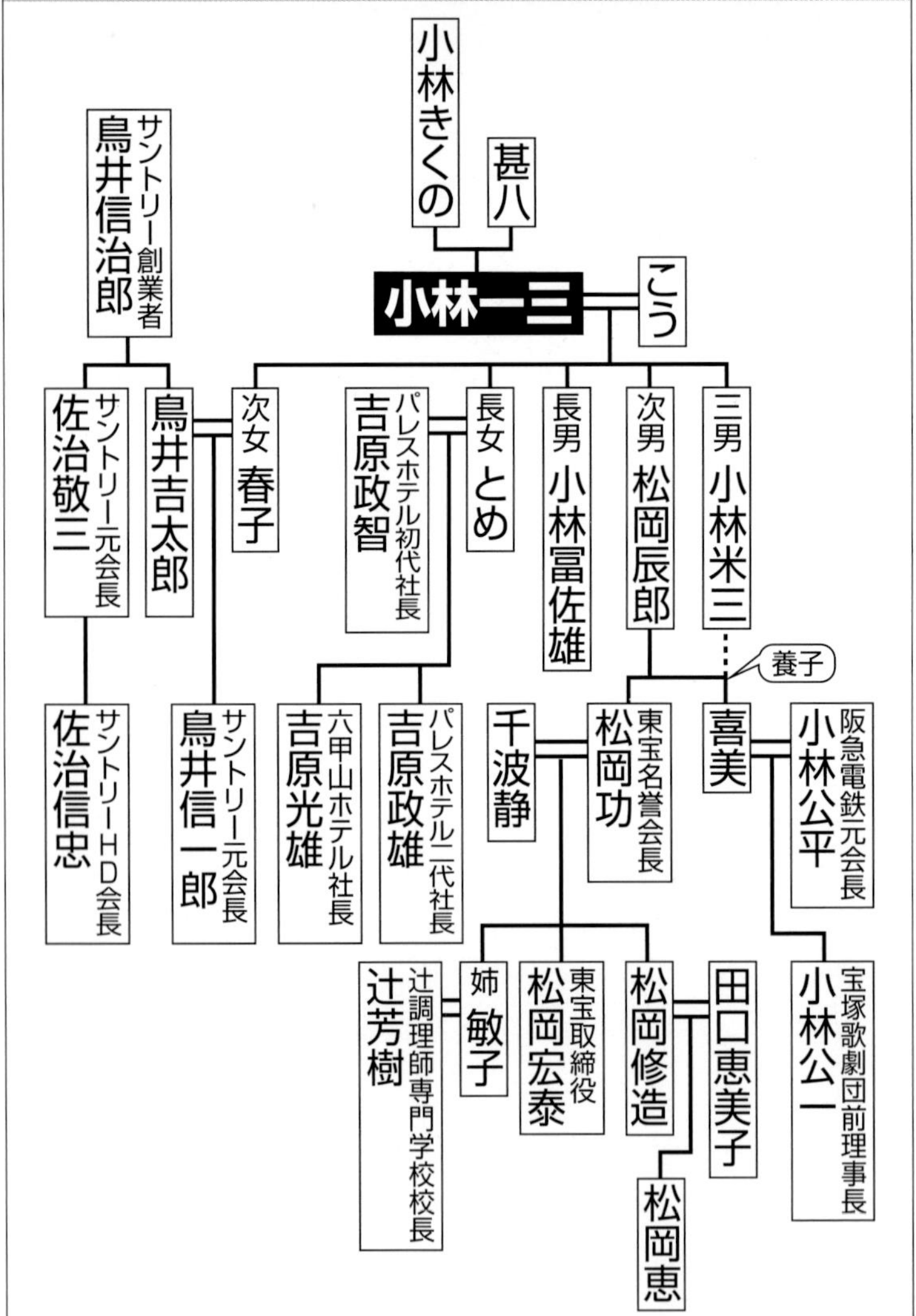
小林きくの
甚八
小林一三
こう
サントリー創業者 鳥井信治郎
次女 春子
鳥井吉太郎
サントリー元会長 佐治敬三
長女 とめ
パレスホテル初代社長 吉原政智
長男 小林冨佐雄
次男 松岡辰郎
三男 小林米三
養子
喜美
阪急電鉄元会長 小林公平
宝塚歌劇団前理事長 小林公一
東宝名誉会長 松岡功
千波静
サントリーHD会長 佐治信忠
サントリー元会長 鳥井信一郎
六甲山ホテル社長 吉原光雄
パレスホテル二代社長 吉原政雄
姉 敏子
辻調理師専門学校校長 辻芳樹
東宝取締役 松岡宏泰
松岡修造
田口恵美子
松岡恵

タカラヅカを創った小林一三と明治人たちのリーダーシップ

～昔も今も変わらない起業家の志～

古川裕倫
Hironori Furukawa

明日香出版社

はじめに

■二〇二三年夏の高校野球で107年ぶりに慶應高校が優勝したのはご記憶に新しいでしょうが、誰が高校野球を始めたのでしょうか。
■東宝《とうほう》の名前は誰もがご存知でしょうが、東宝とは何かの略です。なんでしょうか。
これらの答えは本文にあります。


今、転職や起業がハヤリですが、どちらも成功しないと意味がありません。成功しているごく僅かな人が賞賛されているのでしょうが、成功する秘訣を教えてくれている多くの先人がいるのです。

本書の主人公小林一三《こばやしいちぞう》は、今の山梨県の韮崎《にらさき》市に生まれ、大阪府池田市を終《つい》の住処《すみか》とした人物です。

銀行マンを三四歳で辞めて、鉄道、百貨店、宝塚歌劇などたくさんの事業を立ち上げました。まさに起業家です。

技術や経済環境は変わりますが、ビジネスの本質は変わりません。時代の先を読み、時代の需要（ニーズ）はなんであるかを考える。その需要に対する解決策（ソリューション）を考え、世間がわかるように宣伝広告を打ち出していく（マーケティング）。

昨今、企業はミッション・ビジョン・バリューを掲げていますが、優秀な経営者は時代を問わずに社是や企業理念という形で見える化しています。立派な経営者は、社員、顧客、社会、株主などステークホルダーを大切にすべく、企業理念を大切にしていることもなんら変わっていません。今は、ウィンウィンという言葉を使いますが、過去には「三方よし」という言葉がありました。本質は何も変わっていません。

市場やビジネスを熟知しているという知力（テクニカルスキル）も必要ですが、人を引っ張っていく人間力（ヒューマンスキル）も大切な要因です。

行動力も重要です。先の展望を慎重に考え、行けると判断すれば脱兎のごとく行動に移す。理解したり考えたりするだけで行動に移さないのは、リスクはゼロですが、前に進めません。最大リスクを考えながら、思い切って行動する勇気が必要です。

話は変わりますが、小林一三に関する多くの書籍や映像が、銀行員時代は出来が悪かったとし

豊中グラウンド（高校野球発祥の地記念公園）

ていますが、私はまったく違う想いを持っています。品行方正を是とする典型的銀行マンの枠からはみ出していたことはわかりますが、決して前向きなことを何もしなかったわけではありません。先人の残した書籍を山ほど読み、目前の立派な明治人から多くを学んでいました。それらを通じて知恵とパワーを溜めた後、独立したのです。決して何もしなかった人間が、銀行を辞めた後、突然優秀な経営者になったわけではありません。

現代のビジネスにも通じるたくさんのことを教えてくれる明治人の物語をお楽しみください。

古川裕倫

目次

主な登場人物

・福沢　諭吉
・渋沢　栄一（東京商工会議所、投資家）
・安田善次郎（安田財閥）
・松下幸之助
・五島　慶太（東急創始者）
・松永安左エ門（友人）
・与謝　蕪村（画家、俳諧、呉春の師匠）
・松室正次郎（一三が可愛がった地元看板屋）
・岩下　清周（三井銀行・北浜銀行）
・益田　孝（三井物産創始者）
・中上川彦次郎（三井銀行）
・鳥井信治郎（サントリー）
・清水　雅（一三の部下、阪急の大番頭）
・大林芳五郎（大林組）
・武田　義三（一三が教えた池田市長）
・正岡　子規

第一章　「人からの学び」を得た新人行員時代

1　転職直後の挫折

「悪いが、あの話はなかったことにしてくれないか」

つい数か月前に
「日本初の新しい証券会社を作りたい。ついては君に社長をやって欲しい」

そう言われて、一大決心をして会社を辞めた。その瞬間に日本中が大恐慌となって、新会社設立の話自体が吹っ飛んでしまった。気の毒としか言いようのないタイミングの悪さである。

本書は、長年勤めた大会社を辞めて初めて転職という大きな打席に立った途端に、大空振りした男の物語である。

その禍を福となし、のちに阪急電鉄や宝塚歌劇団を作り上げた。知恵と行動力と高い志溢れる明治人の生きざまである。

小林一三《こばやしいちぞう》は、明治四〇年（一九〇七年）、三四歳で足掛け一五年勤めた三井銀行を退職した。新設しようとしている証券会社の支配人となるために、一三は心を決めて、妻と二男一女を連れて東京から大阪に引っ越してきた。

三井銀行時代のかつての先輩であり、当時北浜銀行の頭取であった岩下清周《いわしたきよちか》と、三井物産の常務飯田義一《いいだぎいち》が、一三に新会社の支配人の地位を約束していた。

岩下も飯田も大阪を代表する経済人であり、一三が尊敬し、信頼度が極めて高い男たちであった。

当時日本には、いわゆる株の売買の証券会社があったが、外国のように外債、公債、社債の引き受けや売り出しを業務とする証券会社はなかった。日本の銀行も外国に見習って、新たな分野にも注力する必要があると両氏から一三は言われていた。

ところが、明治三七年（一九〇四年）に勃発した日露戦争で空前の好景気に恵まれ、四倍以上に加熱していた株式市場が、一三の大阪赴任の当日をさかいに暴落、戦争前の価格を大きく下回ってしまった。

まさにバブルの崩壊である。みるみるうちに株価は半値になり、さらにその半分になった。「明治四〇年恐慌」と呼ばれる戦争景気の揺り戻しが起きたのである。

一三にとっては、波乱万丈の第二の人生の船出である。意気揚々と港を出たが、その途端に荒れ狂う台風に出くわし、あっという間に沈没したようなものである。

皮肉なことに、一三が新会社の支配人の職に誘われた理由の一つは、一三が囲碁や将棋を含めた勝負事には淡白であり、株式投機もほとんどしなかったことで、適任であると判断されたからだった。

当時の一三は、三井銀行に未練はなく、転職の良い機会と判断していた。生まれながらの博打嫌いが、たった一度やってみた転職の勝負がこの結果であった。

しかし、一三はその後、様々な浮き沈みを経験しながら、高い志と燃える想いを持ってビジネスに取り組んだ。

読書好きで広い分野の知恵を持ち、事業創出にあたっては先例を参考として、仮説を立てて検証した。また多くの先輩の話を聞き、参考にした。

持ち前の先見性と行動力を思い切り発揮して、電鉄や小売や劇場など幅広いビジネスに成功し、明治生まれの「今太閤《いまたいこう》」とのちに呼ばれるまでになったのである。

2　小林一三の足跡

小林一三は、明治六年（一八七三年）、今の山梨県韮崎市の裕福な家庭に生まれ、慶應義塾で学んだ。

慶應義塾では塾長の福沢諭吉《ふくざわゆきち》に大いに影響を受ける。

福沢の一番の教えは、独立自尊《どくりつじそん》であった。

また、福沢は、塾生に事業家を目指すよう勧め、それを一三は行動に移した。銀行員として足掛け一四年勤め、その後箕面有馬電気軌道《みのおありまでんききどう》（現阪急電鉄、以下阪急）を創る。電鉄沿線の住宅地開発や街づくりは、その後の多くの電鉄のロールモデルとなった。電車の駅にデパートを合体させたターミナルデパートを作り、沿線終点に宝塚新温泉を開業させ、そこに女性のみで演じる宝塚歌劇を創立し、電鉄利用客の需要を拡大した。

電鉄沿線で電力供給事業も行い、リゾートホテルや現在の第一ホテルなど都市型ホテルも建設し、電鉄以外の収入も増やした。

その後、映画や演劇事業に進出、東宝（旧東京宝塚劇場）を設立し、梅田と新宿にコマ劇場を作った。東宝とは東京宝塚がもととなった社名である。

沿線事業の一つとして阪急宝塚線の豊中に運動場を作り、外国のチームを招聘したり、現在の高校野球の原点である全国中等学校優勝野球大会を開催したりした。また、プロ野球の原点である職業野球として宝塚運動協会を作り、のちに阪急ブレーブスを保有した。

大正末年、当時の東京の財界から声がかかり、東京田園調布の都市開発と鉄道整備に注力し、現在の東急の立ち上げに協力した。

さらに当時電力会社が乱立する中、東京電燈（現東京電力）の立て直しにも協力し、電力需要を増やすために、昭和肥料（現昭和電工）や日本軽金属などアルミニウム製造会社を支援した。

その後、経営の手腕を買われ、昭和一五年（一九四〇年）には、第二次近衛内閣の商工大臣となり、戦後は戦災復興院総裁になった。明治・大正・昭和と電鉄事業を基軸として多くの事業を興した日本を代表する事業家である。

昭和三二年（一九五七年）、終の住処であった大阪府池田市の自宅にて逝去。遺言状の通り、宝塚大劇場で宝塚音楽学校葬が行われた。


脱サラ人間が、電鉄会社を始め、その後多種多彩な事業を成功させた。

確かに鎖国から解かれた明治という新時代という背景はあったにせよ、これほどまでに変化に対応し、新規ビジネスを構築するという結果を残した人間は稀有である。

単なる強運ではこれほどのことができる訳がない。

それなりの才能と努力があったから成功したのである。

以下が一三の成功の要諦であろう。

一、先輩や先人の教えに耳を傾け、「人から学ぶ」ということを実践してきた。先輩や先人の解説が長すぎるかもしれないが、本書には一三が学び関係した多くの人物に登場いただく。
二、一三は、「書物から学ぶ」ことを実践した。膨大な読書から、ビジネスに活用できる多くのヒントを得た。
三、若い頃から小説や芝居を愛し、慶應時代には小説を書いた。事業を始めてからは、自分でパンフレットやポスター作り、歌劇の歌まで作詞し、大衆の心をつかんだ。企画力・創造力が高い。
四、なにごとにも興味を持ち、「なぜ、そうなっているのか」を考え抜き、「どうなるだろうか」と先を読んでいる。
五、調査できる部分は徹底的に行い、一旦やると決めたら脱兎のように行動する。スピードと行動力が素晴らしい。

本書では、才能あふれる明治人ということだけではなく、同じ地元に生きた平凡な明治人とも分け隔てなく裸の付き合いをした一三の人生を振り返りたい。

3　小林一三の生まれた明治の夜明け

日本の幕末から明治への大きな変化について少し解説しておきたい。

江戸時代「国」とは、日本国という今でいう国全体ではなく、「藩」を指した。当時、人はある国に生まれたら、ずっとその国に生き働いてそこで死ぬものであり、国から一歩も外に出たことがない人もたくさんいた。

長い封建時代、産業らしい産業といえば基本農業しかなく、ほとんどの人間が農業に従事し、藩に土着していた。人口の八五％が農民であり、残りのうち半分が武士で半分は町人であった。

日本が二五〇年間も鎖国をして世界に対して分厚いカーテンを引いてスヤスヤ寝ている間に、西洋では産業革命が起き、農耕国から工業国に変貌を遂げていった。結果、「貴族と農奴」という関係から、「ブルジョアと労働者」という関係に変化してきた。

一七世紀後半にイギリスで始まった産業革命は、紡織機械による繊維製品の大量生産を可能にした。農耕文化から工業文化への変化と生産性の向上に伴い、製品を売ろうと新しい市場を求めて、西洋各国が世界中を動き回ることとなった。

産業革命での蒸気機関の発明が、風の有無にかかわらず蒸気で動く力強い軍艦を作った。航海技術もめざましく発達し、アフリカのほとんどが列強の植民地となると、列強は次にアジアを目指した。

インドは英国の植民地となり、次に清国を目標とした。その象徴が、「アヘン戦争」である。

英国は、中国から茶、絹、陶磁器などを輸入して大幅な輸入超過であったが、植民地であるインドで栽培されたアヘンを中国に密輸する三国間貿易で帳尻を合わせようとした。

アヘンを取り締まろうとする清国と英国が戦争になったが、清国は近代軍隊を持つ英国にあっさり負けてしまう。香港島を占有され、一八四二年に南京条約によって香港の植民地化が確定してしまった。

その後、列強から次々に不平等条約を締結させられて、国土は蚕食《さんしょく》されていくことになる。

鎖国下とはいえ、隣国の様子を日本は承知している。だから、安穏とはせず、「次はわが身」という危機感があった。

実際に、イギリス、フランス、ドイツ、ロシア、アメリカなどの西洋列強がわが国を取り囲んで、通商を求めてきた。

そして、嘉永六年（一八五三年）、ついに突然黒船が浦賀に現れ、ここから幕末は始まる。

「泰平の眠りをさます上喜撰《じょうきせん》たった四杯で夜も眠れず」という狂歌が当時流行った。上等のお茶である上喜撰を四杯も飲むと夜寝られない。外国の蒸気船四隻がやってきて、幕府も困って夜も眠れない、という掛け言葉である。

鎖国の間、新しい世界の動きを全く感知せずに、寝ていたのが日本である。当初は起こしにきた「よそ者」を打ち払えという「攘夷《じょうい》思想」が強かったが、西洋の実力を現実に知り、開国を望む声もあった。

結果、当時の江戸幕府の最高責任者であった大老井伊直弼《いいなおすけ》が開国を決断するのであった。

そして、薩長と幕府の構図になり、結果、幕府は大政奉還をして政治を行う権利を朝廷に返上して、江戸時代は終わる。

「封建制度の崩壊」といっても現代人にとってピンとこないが、当時の人間にとっては、間違いなく天変地異である。

武士に生まれれば武士として育ち武士として死ぬ、農民に生まれれば農民として育ち農民として死ぬ。身分は自分が選ぶのではなく、生まれが選ぶものであった。

社会制度がこのように大きく変わる時代に生きた人こそ歴史上で珍しい。変化に戸惑う者もいれば、反対にチャンスを求める者もいる。

明治になると、通行手形なしにどこへでもいける、どこに住んでも構わない自由な国に生まれ変わった。若者にとっては、まさに、思ってもいない舞台が天から降ってきたようなものだ。身分のいかんにかかわらず、誰でも自分の舞台で舞うことができる。志と実力で自分の想いを成し遂げることができる。これまでとはまったく違う新しい時代となった。

その後日本は、外国に視察団を送ったり、外国人教師をたくさん招聘したりして、西洋から多くを学んだ。西洋のよいところと日本の誇れる部分を組み合わせる者も出て来た。

本書に登場する多くの成功者に共通するのは、「学び」を大切にして、そして学びを実践に移していることである。

先見性を持って、考え、決断し、行動している。

現代のビジネスの成功者も同じではないだろうか。先見性があり、決断力、行動力がある人物が、苦労や失敗はあれども最終的に成功に繋げている。

古今東西成功者は同じ道を歩いている。だから、人は歴史から学べと言われるのであろう。

明治の人々は実際にそれをやってのけた。江戸時代末期で人口三千万人強の国家が、たった百四十年で一億二千万人以上に急増している。「産めよ増やせよ」の号令だけで人口は増えるものではない。富国強兵、殖産興業《しょくさんこうぎょう》などで産業が伸長したからこそ人口が伸びた。生産性が高まったから多くの人口を支えることができた。確かに衛生面や医学の進歩はあるだろうが、最大の理由は国が豊かになり、国力が伸びたからである。

明治六年（一八七三年）生まれの小林一三は、まだまだそんな時代の大きな変化の渦が巻いている時代に生きた。断髪令が明治四年（一八七一年）に出されたが、一三が生まれたころにはまだチョンマゲを結っている者も大勢いた。チョンマゲを切ったザンギリ頭が一般的になったのは、断髪令から十年も経ってからのことである。

以上のように当時は、変化に富んだ時代であり、自分の考え方や行動が自分の将来を変える大きなチャンスであったと言える。

4　小林一三誕生

一三の生まれた山梨県の韮崎からは、南東の方向に富士山が大きく見える。東海道から見る富士とは反対側からの富士である。

韮崎の町の西は南アルプスが南北に連なる。その手前には南北に流れる釜無川《かまなしがわ》がある。釜無川はやがて富士川に合流し、富士山の西側を通って駿河湾に流れ込む。春にはサツキが南アルプス一帯に咲き誇り、真っ赤な絨毯となる。

一三の生まれた地方は、甲斐国とか甲州と呼ばれていた。

一三が生まれる二年前に山梨県となったが、一三自身は昭和の時代になっても自分の故郷のことを甲州と呼んでいた。

土地の八割が森林であり、富士山や八ヶ岳など険しい山に囲まれている。内陸性気候で、夏は暑く冬は厳しい。一日の寒暖の差も大きい。

そんな厳しい自然が、忍耐強くしっかりとしている甲州人の気質を育んだ。そして、鉄道をはじめとするインフラ事業などに成功する甲州財閥と呼ばれる多くの人材を輩出した。

甲府城下町を中心に甲州街道や富士川舟運などの物流網を使った商業が発展した。ペリー来航後、日米通商条約によって開港した横浜に、富士川舟運を使って、絹や果物などを輸送し、そこから輸出した。一三の実家「布屋《ぬのや》」もその恩恵を受けた。

一三の生まれた韮崎宿《にらさきじゅく》は、江戸日本橋から長野の下諏訪を結ぶ甲州街道の途中にあり、長野の佐久に分岐する佐久往還、静岡への駿信往還との交差点でもあり、陸上交通の要所であった。

富士川は、富士山の西を南北に走り、駿河湾に流れ込む。その上流の韮崎あたりでは二股に分かれており、河原部村《かわらべむら》という名のごとく韮崎は、街の東を走る塩川と西を走る釜無川に挟まれた川原であり、河川交通の要所でもあった。河原部村には、年貢米が集荷され、富士川を下って駿河湾を通り、その後江戸に運ばれた。

陸上、河川の両方の交通の変遷を見て育ってきた一三は、のちに交通ビジネスにその実力を発揮することになる。一三は時代が欲している交通や電気というインフラ事業の成長性と重要性を先取りして感じて、結果大きな志をなした。

小林一三は、明治六年（一八七三年）一月三日、山梨県河原部村、現在の韮崎市生まれ。生まれた日が一月三日であったことから「一三」と名付けられた。

本来、一三は明治五年の一二月生まれなのであるが、時代の変遷で翌年生まれとなった。

諸外国との交易の便宜上などの理由で、明治政府はそれまで使っていた太陰暦を太陽暦に変更した。具体的には、明治五年一二月三日から同年末までを消滅させ、明治五年一二月三日を明治六年の一月一日とした。

新しい明治六年元旦の二日後に一三は生まれた。新しい暦となったこともあり、生まれた日付を名前としたという。

一三が生まれた前年に新橋・横浜間で初めての蒸気機関車が走り、一三が四歳のときに西郷隆盛の西南戦争が起きた。まだまだ明治の夜明け前である。

一三が生まれたのは布屋《ぬのや》の分家であった。布屋は韮崎の大商家であり、製糸業、酒造業、金融業をしていて、奉公人もたくさんいた。大変なお金持ちの家系に生まれたのである。

しかし、一三の家庭の事情は複雑だった。

母は、きくのといい、布屋の分家の娘であった。ところが、一三が生まれて七か月目に病で亡くなってしまう。しかも、婿養子であった父甚八《じんぱち》は、実家に戻ってしまった。

それで、三歳年上の姉の竹代《たけよ》と一三は、布屋の本家に引き取られ、本家四男の妻の房子《ふさこ》という大叔母に育てられた。母を亡くし、すぐに父もいなくなったので、一三は父母の顔もわからない。

近所の子どもたちは「お母さん」に育てられているが、一三にはお母さんがいない。一三はとても寂しかった。でも、優しいお婆さんがいる。一三はそう思った。

房子は幼い一三をたいへん可愛がった。愛情にあふれ、優しすぎるお婆さんに育てられて、一三はわがままに育った。近所の子どもたちとよく喧嘩をして、相手を泣かしてしまうことも何度もあった。寂しさを紛らわすためもあって、強気一本の腕白小僧であった。

近所の子どもを泣かす一三を見ると房子は、静かに優しく、

「そんなことしないでおくれ。私が悲しくなるから」と涙目で言った。

両親がいない一三にとって、優しい房子は何人よりも大切な人であり、房子にそう言われると下を向いて喧嘩を止めた。一三は、房子が自分のお婆さんであると信じ込んでいた。一三の姉の竹代も同じであった。

もともと房子には四男二女の子どもがいた。子ども達は、房子を「母さん」と呼んでいたが、竹代と一三は「おばぁやん」と呼んでいた。

その後、房子の長男が結婚してその長女が生まれた。長女は一三より四つ年下であったが、一三のことを「兄やん」と呼ぶため、一三は自分の実の妹であると思い込んでいた。

ところが、ある日その「妹」に一三はこう言われた。

「おばあさんは私のおばあさんだけど、兄やんのおばあさんじゃない」

房子が自分のお婆さんではないと知ったのは一三が十歳の時であった。

自分を育ててくれたのは、母きくのの父母ではなく、その弟夫婦ということをはじめて知った。

少年にとって大きなショックであった。母も知らず、父もおらず、実のお婆さんと思っていた

房子が自分のお婆さんではなかったのである。一三は、その夜寝床で泣きに泣いた。周りの人間には両親がいるのに、自分にはいない。実のお婆さんも亡くなっていた。

同時に一人で強く生きていかなければならないことも感じていた。

一三は、寝床ではよく泣いたが、人前では泣く姿を見せたくなかった。これは生涯同じであった。泣く時は、人に顔を見られないようにクルッと後ろを向いて両肩を震わせてしゃくり上げた。天井から人形遣いが糸で両肩をチョンチョンと吊り上げるように肩を震わせた。

房子は、実に立派な大家のご婦人でありながら、気さくで慈悲深い人であった。

地元ではこんなことも言われていた。

「捨て子をするなら布屋の軒下に捨てろ。布屋のおかみさんに拾われるならば、これ以上幸福なことはない」

実際に二度捨て子があり、房子はかわいそうだと言って二人とも育ててあげた。

一三は、成長してからも房子を深く愛し、尊敬し、感謝した。のちに、一三の長男を冨佐雄《ふさお》と名付けて、房子に感謝の意を示している。

晩年、一三はこう語っている。

「私を育ててくれたおばぁやんほど立派な人を私は知らない」

また、自分の子供や孫たちにも、どれだけ房子が素晴らしかったかをよく話した。

「仏様でも神様でもわが田舎の人格者のおばぁやんには及ばない」

一三は、十二歳で小学高等科を卒業、その後私塾「正器舎《せいきしゃ》」で寄宿生として学ぶ。英語、数学、国語、四書五経（「論語」「大学」「中庸」「孟子」、「易経」「書経」「詩経」「礼記」「春秋」）などを学び優秀な成績を収めた。その当時としては珍しい英語の原書を読み学んでいるが、儒学と呼ばれる東洋哲学も身につけている。このころから欠かさず日記をつけている。

十四歳で腸チフスを患って退学した。

この頃の一三は、やはり負けず嫌いで、ガキ大将であった。そして曲がったことが嫌いであった。寂しがり屋で人好きであったが、反面恥ずかしがり屋でもあった。

甲州弁に「ひっけ」という言葉があり、控えめで内気、人見知りという意味である。「引っ気」が語源とも言われているが、一三はまさに「ひっけ」であった。

一三は、嬉しい時も笑顔をあまり見せずに、その他の感情も顔にあまり出さない。これは大人になっても同じで、特に写真を撮られる時には必ずといっていいほど口は真一文字であった。

5　慶應義塾に進学

私塾正器舎を一四歳で退学した後、東京に行くことを決意した。

南アルプスの麓の韮崎の朝はしびれるように寒い。

旅立ちの朝、ヒューヒューと北から吹きつける風が一三の着物の裾を捲り上げた。

布屋の店先で見送ってくれる多くの奉公人がいる。一三は、おばぁやんの姿を探そうとするが、涙がいっぱい溜まってくるのでちゃんと見えない。

瞬間、屋敷に戻って出てきた房子は一三が乗り込もうとしている馬車に駆け寄ってきた。そして、一三の体に青い毛布を二つ折りにして巻きつけてくれた。

「寒いので気をつけなさい」

これまで育んでくれたやさしいお婆さんの言葉を聞いて、一三の涙は止まらなかった。

自分が房子の本当の孫ではないと知った時から、人前であまり表情を出さなくなった。さみしい少年時代を過ごしてきただけに、特に人前で泣くのが嫌で、自分が泣くのを誰にも見られたくなかった。

しかし、房子との別れでは、留まることを知らない富士山からの伏流水のように、涙が溢れ出て止まらなかった。手の甲で拭ってもボロボロと音を立てて涙は止まらなかった。

房子も、涙にくれている。

「まだこんなに小さいのに、遠くの学校に行かなくていいだろうに。なんで東京なのかね」と言った。

冷たい強風の中、一三を乗せた馬車が東京に向けて出発した。房子は、一三たちが見えなくなるまで手を振り続けた。

以前地元の学校で校長をしていて、当時東京で弁護士の勉強をしていた高柳という先生に同行してもらい、韮崎から東京まで甲州街道を行く三泊四日の旅をした。

韮崎から東京まで、四日間の馬車と徒歩の旅は一五歳の一三にとっては辛いものであった。

一三は明治時代のベストセラーであった福沢諭吉の『学問のすゝめ』を読んでおり、また、のちに衆議院議員になる正器舎の同級生も希望していたこともあり、慶應義塾を目指したのであった。

ちなみに、房子おばぁやんは、一三が慶應義塾に来て三年目に亡くなった。

甲府の病院で死に目に会うことができたが、房子の死は、一三にとっては人生で最も辛いことであった。この日も病院が揺れるほど大声で泣いた。育ててくれて、甘えさせてくれた。一三にはいよいよ肉親が一人もいなくなってしまった。

一三は、自叙伝『逸翁自叙伝』（阪急電鉄）に慶應義塾に入学した当時の慶應義塾の見取り図を描いている。自叙伝を書いたのは七九歳のとき（昭和二七年）である。

それによると、当時キャンパスには、教室や運動場のほかに生徒の寮や先生のお宅があった。一三がいた「童子寮」のほかに、「大人寄宿舎」、「外塾寄宿舎」という学生寮があり、先生の家は、北から「和田先生」、「酒井先生」、「飯田先生」、「高木先生」、「益田先生」、「浜野先生」、「ロイド先生」、「小泉先生」とある。そして一番南に最も大きな「福沢先生邸」がある。

今でも変わっていないが、赤羽橋から桜田通りを南に下り、春日神社のすぐ先右手に慶應大学三田キャンパス東門がある。東門を入って、正面の階段を上らずに左手の緩やかな坂を登った突き当たりに「福沢先生邸」があった。今は福沢公園と名がついているが、そこに福沢諭吉が住んでいたとは慶應生にもほとんど知られていない。

一三が入った童子寮は、一部屋あたり三～四人の相部屋であった。

一三の一番の思い出は、半年ごとのくじ引きで部屋が変わることであった。一番東端にある二階の一六号室の人気が一番高かった。

福沢諭吉は馬車で出かけるのが常であったが、塾生のお目当ては福沢ではなく二人の娘さんだった。一七歳のお滝さんと、妹のお光さんは、眩しく輝いている。一六号室には塾生何十人が押しかけ、窓からのぞき見をしながら「静かにセー」と息を凝らすのであった。

ちなみにこの寮生活のアイデアは、一三がのちの阪急の若手社員のための寮や宝塚歌劇団の女子寮に活かされることになる。

一三はこの頃から文才を見せる。寮の機関紙「寮窓の灯」の主筆に選ばれ、山梨日日新聞に掲載される小説も書き始める。失敗もあり、一人前とまではいかなくとも、気持ちは文学青年である。日記も書き続け、俳句も毎日のようにひねっている。

6 恩師・福沢諭吉

一三の人生に大きな影響を与えた人物の代表として、まず福沢諭吉をあげなければならない。

福沢は、天保五年一二月一二日（新暦一八三五年一月一〇日）生まれ、ペリーが黒船を率いてやってくる約二〇年前である。

福沢家は九州中津藩（大分県中津市）の武家で、福沢諭吉は中津藩の大坂蔵屋敷（現大阪市福島区）

に生まれた。父福沢百助は中津藩の借財担当で鴻池やのちの広岡浅子で有名な加島屋などからお金を借りる仕事をしていた。

福沢は父の死後大阪から中津に戻り、漢学を学んだ。漢学とは、中国の学問という意味で、四書五経である。いわゆる儒学哲学の基本をしっかりと身につけている。

儒学の基本の一つに志を高く持つことがあり、江戸時代から第二次大戦前までは大切にされた考え方である。

諭吉は驚くような勉強家であり努力家であった。

ペリーの二度目の来航の年、安政元年（一八五四年）、福沢は長崎に留学、オランダ語と蘭学を学ぶ。翌年、儒学者であり医者の緒方洪庵《おがたこうあん》が立ち上げた「大坂の適塾《てきじゅく》」に入塾し蘭学などを学び、二年後に塾長となった。

緒方は平等主義者であり、「学問の前では人は平等」として、身分ではなく学業の成績の良い順番に塾生を座らせた。

ただ、福沢諭吉も人間である。酒が大好きで、適塾仲間とよく飲んでいた。夕刻早くから飲みたいのだが、下女たちがいるので、緒方洪庵に告げ口されるとまずい。そこで、仲間が一案を講ずる。一人が、着物の裾をめくり上げて、下半身を丸出しにして、廊下で寝たふりをした。下女たちは「キャー」と声を上げていなくなったので、福沢らは早くから飲むことができた。これに味をしめて、翌日は福沢が同じことをして、下女を退散させようとした。しかし、その日廊下を通ったのは、緒方洪庵の奥方であった。奥方を辱めた福沢は、緒方洪庵に向ける顔がなかったそうだ。

そんなこともあったが、その後福沢は英語も勉強し、三度の欧米使節に加わり、維新後は独立して慶應義塾を始めた。多くの門弟を輩出し、何度も政府からの要請はあったが出仕をほとんど断り、教育啓蒙活動に専念した。

福沢の渡航した詳細を見てみたい。

・万延元年（一八六〇年、二五歳）渡米　「咸臨丸《かんりんまる》」サンフランシスコ他
・文久二年（一八六二年、二七歳）渡欧　「文久の使節団」ヨーロッパ各地
・慶應三年（一八六七年、三二歳）渡米　太平洋を渡りパナマ地峡経由ニューヨーク

最初の渡米。徳川幕府がアメリカに軍艦を派遣する決定をしたという話を聞いた福沢は、外国を見てみたいという一心から、艦長の旗本木村摂津守《きむらせっつのかみ》に直談判に及び、連れていってくれと頼んだ。ほかの家来が行きたがらないのでこれが認められた。

船は日本が持った初の軍艦「咸臨丸」、総勢九六名。艦長は木村摂津守、副官は勝麟太郎《かつりんたろう》（勝海舟）であった。勝海舟と福沢諭吉の確執はのちに紹介する。

咸臨丸は荒波に揉まれ、三七日かけてサンフランシスコに到着した。チョンマゲ帯刀の一行はサンフランシスコで土地の名士たちから大歓迎を受けた。福沢にとっても大袈裟なレセプションや大宴会は初めての経験であり、見るもの聞くものすべてが新鮮だった。

「初代米国大統領のジョージ・ワシントンの子孫は今どこで何をしておられるのか」

英語のできる福沢が隣のアメリカ人に尋ねてみたら、

「さあ、どこにおられるのでしょうかね。何をされているかも知りません」との答えが返ってきた。

別のアメリカ人に聞いてみても、

「残念ながら存じません。ご子孫に何か用事でもあるのですか」と、知らないことが当たり前のような返事であった。

たった七〇年前に初代大統領だったワシントンの、子孫の行方をその場の誰も知らず、まったく気にもかけていないことを知って、福沢は驚嘆した。

「ワシントンはいわば日本の徳川家康のような人であり、子孫は政府の重職に就いているに違いない」と思っていたが、まったくの予想外れであった。

米国には身分制度がなく、人々はみな平等であることに福沢は驚いた。アメリカでは、選挙制度が初代大統領の時代から機能していた。

二回目の海外渡航はヨーロッパで、「文久の遣欧使節団」だった。四〇名ものチョンマゲ姿の使節団がエジプトのスフィンクスの前に整列している写真に記憶のある方もおられるだろう。着物にチョンマゲに帯刀のサムライを見たヨーロッパ人こそ驚いたことだろう。

インド洋からスエズへ行き、そこから汽車に乗ってカイロへ。地中海に出て、その後パリ、ロンドン、オランダなどヨーロッパ各地を見て回った。この約一年間に福沢は、更に世界を学ぶことができた。帰国後この経験を元に西欧を日本に紹介した『西洋事情』というベストセラーを出版した。

三度目の使節団の目的は、注文した軍艦を受け取りにいくためだった。一行は太平洋からパナマ地峡を経て大西洋に出て、そこから船で米国東海岸のニューヨークまで行き、ワシントンにやってきた。当時はまだパナマ運河がなかったので、パナマの陸路を行った。

このように、福沢は徳川幕府の鎖国中に三度も欧米を見るという絶好の機会に恵まれた。どの旅でも、どっさり書物を買い込んで来た。

その経験は日本国にとっても、福沢から書籍や直々の教えを通して順送りしてもらった後世にとっても大変貴重なものであった。

この物語の主人公である小林一三もその一人であった。

これらの欧米経験で福沢は多くを学び、明治を代表するグローバル人材となり、のちに明治の啓蒙思想家、文筆家として日本に大きな影響を与える。

福沢には『学問のすゝめ』『福翁自伝』『西洋事情』など多数の著書がある。

『学問のすゝめ』は三四〇万部ともいわれる明治時代のベストセラーで、『福翁自伝』とともに、一三が自分の後輩たちにも勧めたビジネスパーソンへの参考書でもある。

福沢諭吉の言う『学問のすゝめ』とは、簡単に言うとこういうことである。

人は生まれながらに平等である。人に身分の上下は関係なく、志を持って自分の知識や能力を高めるのがいい。ところが同じ人間でも成功する人もいれば、そうではない人もいる。この差は身分ではなく、どれだけ学問を習得したかによるところが大きい。だから学問に励め。これが実践されて個人一身の独立ができる。これを独立自尊と呼んでいる。

福沢が生涯重要だと主張した「独立自尊」の基本は、次のような考え方である。

「義を貫き不義理をしない」
「人に迷惑をかけない」
「金銭上も親や他人に迷惑をかけない」
「金だけではなく、物や時間を大切にする」

また福沢は、「個人の独立なくして国家の独立なし」と言った。国民一人一人の自覚なくしては、国としての目覚めもない。それがなければ、国が発展しないばかりか、外国に対しての日本の立ち位置もない。

反対に自分自身や自国に対する自覚や誇りがなく、外国流だけを見ていると浮き草のようである。そうではなくてまず個人が独立して、次に国家としての独立となる。

ちなみに、福沢諭吉の戒名は「大観院独立自尊居士《だいかんいんどくりつじそんこじ》」である。これを見ても、いかに「独立自尊」という考え方を大切にしたかがわかる。

小林一三の人生で「人に頼まず、自分を信じること」を教えてくれたのは、福沢であった。また、「他人に惑わされず、正しいと思う自分の意見を突き通すこと」も福沢諭吉から学んだ。

これらは大きな学びであり、一三は、この教えを心に刻み「独立自尊」という姿勢を生涯貫いた。

一三は、福沢自身の口から直接西欧の話を聞き、グローバルな考え方についての教えを受けた。福沢の著書も全部読み、外国でのことについても知識を高めた。それは、のちの自分の事業にも大いに役に立った。

サラリーマン時代にはなかったが、タカラヅカを立ち上げたのちに、憧れの西欧を自分の目で見ることになる。

もし一三が今生きていたら、グローバル巨大企業が活躍する記事を興味を持って精読していて、「狭い日本だけを見ていてはいかん。世界に飛び出せ」と若手にハッパをかけていたに違いない。

7　福沢諭吉が言う「勤め人より起業家になれ」

福沢は若い頃は運動代わりに居合をやっていたが、中年になってからは散歩を運動とした。晩年、一〇人から二〇人の学生を連れ、夏は四時半から、冬は五時半から、毎日一里歩いた。福沢の酒好きは有名だが、晩年は酒量を減らし、散歩で健康管理をした。

散歩に出る時の福沢のスタイルはとても変わっていた。西洋文明を日本に紹介した人物とはまったく思えない身なりであった。

冬は、前だけにつばのある鳥打帽をかぶり、首には大きな襟巻きをして、足袋を履き、履きものは駒下駄。歩きやすいように着物の後ろの裾を捲り上げ、角帯の後ろに裾を挟み込む、いわゆる「尻からげ」の姿で、真綿入りの「ももひき」姿の両脚が丸出しである。どう見ても江戸時代の田舎のおやじの格好であった。

散歩には塾生を連れているので、それは議論の場でもあった。

福沢の愛弟子であり、のちに小林一三の親友となる松永安左エ門《まつながやすざえもん》は、この散歩によく参加していた。

松永は朝早く起きるのは苦手であったが、恩師と仰ぐ福沢と親しく話せる絶好の機会なので、散歩を休むことはほとんどなかった。その間いろんな話を聞き、福沢に大きく感化された。

松永安左エ門は、福沢を日本の三大賢人の一人であると言っていた。彼が言う三大賢人とは、聖徳太子、弘法大師、福沢諭吉である。

松永は、「福沢諭吉は、民主主義、平民主義、自由平等、文明開化主義の本家本元である」とも松永の著書『人間福沢諭吉』(実業之日本社)に記している。

「福沢先生は、すべての人を平等に見て、すべての人間を対等に扱って、いわゆる一視同仁、よく聞き、よく談じ、よく教えようとなさったところに、自ら意識せず、しかも、よくそれを行ぜられた菩薩道があったと見たいのである。私は、このことに何よりも、絶大の敬意を払う」

さらにこうも言う。

「偉大な先覚者、偉大な教育者、革新者であるが、我々とちっとも変わらない人間でもある。その人間性・庶民性を、誰憚らずに極言すれば、天下のいかなる権威にも屈せず、自由闊達に、思いのままに発揮される」

松永安左エ門は、福沢についてこんな表現もしている。

「遠くからのぞみ見て大きく、近寄っても大きく、一歩それに踏み込んで、いよいよ大きく仰がれるのが、真の『雄山・大岳』というものである。小さく打てば小さく響き、大きく打てば大きく響き、力一杯綱を引けばいよいよ妙音を持って応えるのが『名鐘』の味である」

遠くから見ても大きく、近くから見てもやはり大きく、心の大きさが人々から尊敬されるのが本当の器である。小さくたたけば小さく響き、大きく叩けば大きな響きを出す、体のすべての力を使って打てばいい音を出すのが立派な鐘であるという意味である。

時を遡るが、福沢諭吉は父の死去後、大坂から出身地である中津藩に戻ることになる。

しかし、福沢は、古い考え方に固執している中津藩から脱出したかった。

「自分が中津で、いくら藩が間違っていると議論を繰り返しても、誰も聞く耳を持たない。不平を言うくらいなら、いっそのこと中津藩から飛び出すのがよい。ここにいる限りは不平を口にしても無駄だ」

そう思い、中津藩から脱出する機会を待ちに待っていた。

結果、長崎や大阪で勉強することになるのだが、中津藩にいるとき、福沢はそこから飛び出してどんな仕事で食っていこうかと常に考えていた。

その頃、非常に貧しくて「あんま」をやりながら生活を凌いでいた二人の同級生がいた。福沢は飛び出すことばかり考えていたので、

「こりゃいい。道具がなくても一文無しで他国に出て行っても、これだけ覚えていれば、元手もいらず何とかなる」と思った。

それで福沢は、「あんま」の稽古に励んだ。あのような大人物がどこに行っても食べていけるように、手に職を付けようとしたのであった。

慶應義塾で、福沢は、一三や松永安左エ門など多くの塾生たちにこう言って聞かせた。

「役人、銀行員、会社員にはなるな。月給取りは面白くない。実業家になりたまえ」

まずは、起業することや実業家を目指して起業することを勧めた。

気骨があるが時に人付き合いがうまくなさそうな松永安左エ門には、強く言った。

「君は、独立してやっていきなさい」

「事業をおこすのは難しいと思いますが」と松永が言うと、

「最初から大きなことをしなくてもいい。風呂屋でも豆腐屋でもいいから独立するほうがいい」

と勧めた。

小林一三が、のちに事業を起すのも、福沢の影響を大きく受けていたからである。

ちなみに、一三や松永安左エ門が学んでいた当時の慶應の学生寄宿舎の明かりは、まだ菜種油を燃やす行灯《あんどん》であり、学生は皆着物姿であった。

一三は、独立自尊を信条として、権力に対して反骨精神溢れる人物であった。そんな大きな影響を与えたのはやはり福沢諭吉であった。

福沢の反骨精神については、「痩《や》せ我慢《がまん》」という有名な話がある。

福沢と勝の出会いは、すでに紹介した咸臨丸での訪米であった。福沢は身分の低い武士だったが船酔いすることがなかった。勝海舟は咸臨丸の副艦長ではあったが、船酔いに大いに苦しんで、部屋から出てこられないありさまだった。

その頃から勝と福沢はウマが合わなかった。

勝は当時の福沢などに目もくれてはいなかったが、副艦長たるものこれでいいのかと福沢は首をかしげていた。


勝海舟は幕臣であり、倒幕派の西郷隆盛と江戸城無血開城の最終合意をしたことで有名である。勝は江戸市中が火の海となる戦争を避け、江戸城を明け渡すことを倒幕軍に約束したという美談の主人公でもある。

まだ西洋列強が手ぐすね引いて、隙あればと日本を狙っているときに江戸で大戦争を起こすことは、大きなリスクであり、その回避は歴史的な功績となっていた。

しかし、勝はその後、敵方であった薩長が作った明治新政府のために働き、政府から爵位までもらった。

福沢諭吉の言い分はこうであった。

「お前はそもそも徳川の人間ではないか。徳川に対する忠誠心はどこに行ったんだ」

福沢は問う。

「敵との戦いに対して勝算がなくても、力のかぎり抵抗するのが痩せ我慢ではないか」戦時も平時も同じであり、それをしないで、新政府の現職に甘んじているのは、「武士道」に反する、と強く主張した。

「徳川の出身である三河武士は、非運や艱難辛苦《かんなんしんく》の時も、主人のためにただ一筋忠誠を尽くしてきた。必敗必死を眼前に見ても勇気を持って前進した。徳川家康が小さな武将から身を起こして天下を掌握したのは、この『痩せ我慢』精神があったからだ」

と手厳しい。

のちに、「痩せ我慢」についての文書を世に出してよいかと叙述家である福沢は勝に手紙を送っている。それに対して勝は、

「行蔵《こうぞう》は我に存す。毀誉《きよ》は他人の主張。我に与《あず》からず我に関せず」（批評は人の自由だが、行動は私の自由である）

と返信した。

ちなみに、函館の五稜郭に立てこもって薩長と最後まで戦った元幕臣の榎本武揚《えのもとたけあき》も新政府の職を食んでおり、福沢は榎本にも同じ非難を行った。

この「痩せ我慢」の精神についても、もちろん一三は熟知している。鉄道事業を推進する際も役所にはヘイコラせず、逆に甘えもしなかった。独立自尊を実践したのであった。

ずいぶん後の話になるが、第二次大戦後総理大臣となる岸信介《きしのぶすけ》に一三が初めて会ったときに、岸が入室してきたにもかかわらず、立ち上がりもせず、一三は知らん顔して座っていた。

「自分のことを知らぬはずがないのに、そっぽを向いている奴がいる」と岸は憤慨したという。

一三の独立自尊と反骨精神は福沢諭吉からの学びの結果といえる。

8　三井銀行トップ、渋沢栄一ら資本主義の父に学んだ「無上の光栄」時代

一三は慶應義塾在学中から小説を書き、文学や演劇などに精通していた。作家志望であったが、それでは食っていけないので、卒業後は新聞社に勤務したいと思っていた。しかし、狭き門はくぐれなかった。

そこで明治二六年（一八九三年）四月に三井銀行に入行した。ここから足掛け一四年間の三井銀行時代が続く。

三井銀行でのサラリーマン時代の大まかなプロフィールはこうである。

明治二六年　二〇歳　三井銀行入社　東京本店秘書課
明治二六年　二〇歳　大阪支店金庫係　抵当係、（翌年日清戦争勃発）
明治三〇年　二四歳　名古屋支店勤務　計算係長
明治三二年　二六歳　大阪支店　貸付係長（翌年結婚）
明治三四年　二八歳　東京箱崎倉庫次席
明治三五年　二九歳　東京本店調査係検査主任として全国の支店を回る
（明治三七年　三一歳　日露戦争勃発）
明治四〇年　三四歳　三井銀行退社

一三が入社した当時の三井銀行本店は、三階建のモダンな洋館であった。一階には大きくがっちりしたカウンターがあって一般客が出入りするいわゆる銀行の営業部、二階は重役室と応接室、三階は会議室であった。

一三は、新人で秘書課に配属になった。つまり、重役付きの給仕役である。まさにお茶を入れて持って行ったり、書類を届けたりした。

一般社員では直接話すことができないような役員や取引先の経営者などに、間近で接する機会を得たのであった。

この時の三井銀行の実質上のトップである専務理事が中上川彦次郎《なかみがわひこじろう》であった。

中上川彦次郎は、安政元年（一八五四年）に大分の中津藩の武士の家柄に生まれた。ペリー来航の翌年である。母は福沢婉《ふくざわえん》といい、福沢諭吉の姉であり、中上川は福沢諭吉の甥にあたる。

幼少期は四書五経をしっかり学び、その後洋学にも興味を持ち一四歳で江戸に出て慶應義塾で学んだ。

中上川は二〇歳でロンドンに留学し、三年間で政治、経済、社会全般を学んだが、彼の特徴は、客観的観察を行なったことである。機械の進歩など多くを高く評価したが、必ずしも西欧べったりではなかった。当時多くの日本人留学生は、白人や白人文化に劣等感を抱いたが、日本が誇るべきこともたくさんあると、是々非々で客観的に物事を観察した。

中上川は帰国後、西洋の政治経済制度は、遥かに進んでいて、日本が見習うべきことが多いと迎えの人たちに語っている。身の回りのこともわかりやすく説明した。

「外国の便所は極めて清潔だが、日本の便所はそこを出てからも体に臭いが染み付いているようで、困る」

ちなみに、この話は小林一三自身も中上川から直接聞いたことがあり、晩年になって同じ話を後輩に語っている。

また、外国の欠陥もしっかり観察していて、こうも言っている。

「欧州諸国の機械の進歩は目覚ましい。しかし、道徳は廃れている。例えば、男女関係もそうだ」

「ロンドン市民は身分不相応なおごりや遊びにふけって、それに満足している人間も多い。鈍感で頑固な性格で、宗教や迷信を信じるなど過去に執着して、自由思想を持たない人も大勢いる」

中上川は、帰国後二三歳で工部省に入省、二八歳で福沢諭吉が作った「時事新報」と「慶應義塾出版社」の社長に就任した。

そして、請われて明治二一年（一八八八年）、三三歳の若さで「山陽鉄道」の代表取締役社長となった。全国の鉄道敷設ラッシュとともに、神戸〜岡山、岡山〜広島、広島〜下関を整備した。

山陽鉄道社長の中上川の改革は大胆であり、アイデアも進んでいた。急行列車を走らせ、ボーイを搭乗させ、食堂車や寝台車を始めて、日本中をあっと言わせた。ほかの鉄道会社に先駆けて、どれも初めてのことであり、最も近代的な鉄道会社と言われた。

「車掌」という言葉を作ったのも中上川。それまでは、「conductor」という言葉を「車長」と言っていたが、この発音は「社長」と同じなので、よくないとして、山陽鉄道で「車掌」と呼んだ。その後日本中に広がった。

その後中上川は、ロンドン時代の知り合いで、のちの総理大臣になる井上馨《いのうえかおる》から頼まれて、明治二四年（一八九一年）、三井銀行に入行、三七歳で三井銀行の事実上のトップとなった。


中上川と知り合う前から三井家と古くから縁のあった井上には、銀行の再建が委ねられていた。井上は、支店の閉鎖、古くからの役員の整理など改革案は持っていたが、それを実行に移す適当な人物が見つけられず、中上川を起用した。

当時の三井銀行の最大の問題は、貸付金の三分の一が不良債権であることだった。その中でも官との問題があった。政府高官や役人が絡んで、返済を督促できない企業への貸付が増加していたのだ。

中上川の基本方針は、支店縮小であった。しかし有望な場所では、新店を出店した。例えば、明治三〇年代に織物の生産は最高となり、新規出店した足利町は全国屈指の織物の町として発展した。

また銀行内の人材教育にも力を入れた。

それまでは、「慶應の三菱」と言われていたが、中上川の三井銀行も慶應から優秀な人材を採り始めた。小林一三もその一人である。それまで銀行でも丁稚や手代という採用をしていたが、大学卒という採用にして、官にもモノ言える体制を目指した。

中上川は部下の話をよく聞いて、考えさせ、責任をもたせて仕事をさせた。

信賞必罰を旨とし、よく儲けた者には多くを与えた。

中上川は、出張の際は、あえて若手を随行させた。旅行中こそ個人的に教えることができるいい機会だと思っていたからだ。随行員への接し方も丁寧で親切であった。

福沢諭吉の主義主張に忠実であった中上川は、平等主義を貫いた。むしろ、上からの権威をよしとせず、当然、下の者に自分の権威を振りかざすことも嫌った。礼儀正しく、謙虚であり、一個人としても立派であるが、それ以上に多くの人を動かす統率者として優れていた。

一三は、このような中上川から教えられる機会を与えられた。

秘書課の一三は、毎週一度、重役に重要事項を半紙一枚に筆書きして渡す仕事を与えられていた。

「○○製紙、株主総会終了」

「○○会社から配当何万円収入」

などと箇条書きにして渡す。

ある時一三が、「鐘紡配当金何万円受領」と書いたら、赤色の筆書きで「鐘淵紡績株式会社配当金」と中上川の赤い字で加筆修正があった。

大切な取引先であり、入社一年生ごときは、略称ではなく正式社名を使いなさいという意味だと一三は理解した。忙しい重役が新人に細かい指導をしてくれ、「ありがたい。すごい人だ」と一三は心から感謝した。

現在でも三井銀行や三井物産では、部下が作成した書類などに「赤を入れる」という指導がされ、その後も順送りで「赤入れ」の指導が脈々と続いている。こうやってだんだん書類が明確簡潔になり、若手でもわかりやすい書類が作れるようになってくる。

わかりやすい書類ができるようになると当然、口頭での報告もわかりやすくなる。結論を先に言って、理由を順番に言う、そういう企業文化が醸成されてくる。

中上川からの指導は、新人の一三に非常に大きな影響を与えた。

一三は、中上川以外の師にも恵まれる。三井銀行の取引先である素晴らしい人物たちである。日本の資本主義の父と言われる渋沢栄一《しぶさわえいいち》や三井物産の創始者である益田孝《ますだたかし》たちが議論している場に居合わせるという非常に貴重な機会に遭遇している。

もちろん、新入社員の一三がそれらの人たちと同席して意見を言うことはないが、書類を持って入ったり、お茶を出したりするような細かい仕事をしながら、先輩たちの意見に聞き耳を立て、仕草をじっと見ていた。

後世に名を残した人々のやりとりに感動するとともに、それが一三の大変な勉強になっていた。一三はのちに、これを振り返って「無上の光栄」といった。

当時、三井銀行、三井物産、三井鉱山は、東京日本橋の同じ建物の中にあり、三位一体の商売をしていたので、三井銀行以外の要人にも触れることができた。

ある日一三が会議室にお茶を持って行ったとき、渋沢栄一が抑揚をつけて流れるような説明をしていた。

「なるほど、政治家だけが演説するのではないんだ。立派な商人にもこういう雄弁な人がいる。

今後は商人にも発信力や説得力が必要な資質となるのだろう」と一三は感じた。

一三は何も聞いていないような顔をしながら、列席しているメンバーのうんうんと頷く顔を見て渋沢の力強い説明に感心していた。

新入社員時代から当時の経済界の大物の発言や行動を垣間見ることで、一三は成長していった。

渋沢栄一は、江戸時代末期の天保一一年（一八四〇年）に現在の埼玉県深谷市に生まれた。ペリーの来航の一三年前である。実家は養蚕や藍《あい》問屋などをしていた農商家であった。幼い時から勉強好きで、七歳のときにすでに「論語」を読んでいた。

渋沢は、近代日本の商業の創始者であり、著書『論語《ろんご》と算盤《そろばん》』（角川ソフィア文庫）の通り、孔子の心すなわち道徳を持って商売を進めるべきという思想の持ち主である。

江戸時代、商人は身分制度では一番下であったが、そんな世でも力を持っていた商人が、幕府という重圧から解放された新しい明治の世でも、志高く節操を持ってビジネスに取り組むべきであると主張し、新しい日本のビジネスのあり方を世に問うた。

渋沢も西洋から学んでいる。慶應三年（一八六七年）、明治維新の前年に徳川昭武《あきたけ》（最後の将軍徳川慶喜の弟）が、パリ万国博覧会視察に行くときのスタッフの一名として加えてもらっている。

ヨーロッパの食料品やナイフやフォークなどの食器を見て驚き、電線、上下水道、病院などの社会インフラや、工場、会社、銀行などと接してその進歩具合に腰を抜かした。また、労働力と資本を組み合わせて、富を生む近代資本主義の仕組みに驚嘆した。

渋沢のベルギーでのエピソードがある。ベルギー国王が視察一行にこう言った。

「鉄をたくさん作る国は必ず豊かになり、鉄をたくさん使う国は必ず強くなる。ベルギーの鉄を買ってほしい」

一行は、腰を抜かすほど驚いた。国王が商品の売り込みをしたからだ。日本では「商売」は「卑しい」ものとされ、品格のある武士や支配階級が語るものではなかった。

他にも日本では金貸しとして見下されている職業に携わる人間が、日本でいう武士階級と対等に国家について議論している。つまり、ヨーロッパでは銀行家が軍隊の幹部と何の格差もなく、普通に話をしている。

「日本でこういう健全な関係にするには何かが必要である」と渋沢は思った。

「三〇〇年以上も士農工商という身分制度が染み付いている日本では、そのシステムを取り払っても風土は簡単には変わらない」と考え、「論語と算盤」思想に行き着いたのであった。

「信用は実に資本であって商売繁盛の根底である」

信用の大切さを渋沢は説いた。

さらにいうと、非営利団体でも存続のために利益を上げなければいけない、現代語でいうと「サステイナビリティー」が必要である。ただ、人の心を理解する心、社会に貢献する思い、つまり論語の精神を持ってビジネスに当たれ、ということである。

のちに渋沢は多くの会社の設立に携わり、日本の資本主義の父と言われた。現存する企業も多い。王子製紙、東京海上、日本郵船、清水建設、東京電力、東京ガス、石川島播磨重工、帝国ホテル、東洋製鉄、札幌麦酒、日本興銀などなど。東京商工会議所の創始者でもある。

多くのビジネス上の交友もあった。三菱財閥の岩崎弥太郎と二代目の岩崎弥之助、三井物産の益田孝、浅野財閥の浅野総一郎らとは深い関係があった。

教育分野では、一橋大学、東京女学館、早稲田大学、二松学舎大学の設立に尽力した。

また、慈善活動にも熱心で明治七年（一八七四年）に困窮者、病者、孤児、老人、障害者の保護施設である東京養育院を創立し、五〇年間もトップを務めた。

ちなみに、近代経営学の父と言われるピーター・ドラッカー（一九〇九—二〇〇五年）は、渋沢を次のように高く評価している。

「世界の誰よりも、経営の本質は『責任』にほかならないということを見抜いていた」

渋沢の思想は、時代も国も超えた普遍的なものであった。

9　三井物産の創始者、益田孝

少々長くなるが、渋沢と同時代に活躍し、貿易立国の基礎を作った益田孝にもふれておきたい。

益田孝は、寛永元年（一八四八年）佐渡の相川《あいかわ》生まれ。

益田孝の父は剣術家であり、益田孝も幼い頃から剣術の稽古をした。父は佐渡奉行所に勤務しており、鉱山には計算が大切なので算数がよくできた。

益田孝はこういう関係で子どもの頃から鉱山に興味があり、のちに三池炭鉱の石炭商売に繋がる。

益田の父は福沢諭吉の書記をしていたことがあった。

益田孝は、文久二年（一八六二年）、「文久の遣欧使節団」の一員として父とともにインド、エジプト、ヨーロッパなどに洋行した。帰国後、益田孝は横浜に住み、英語を勉強し、外国貿易に参入した。

当時は屋号での商売しか認められておらず、中屋徳兵衛という名前で、茶と海産物の「売り込み問屋」を営んだ。のちの三井物産である。

当時、外国商館と取引する日本の会社は二つのパターンがあった。

「売り込み問屋」は、外国商館に日本の産品を「売り込む」問屋。つまり、輸出商。

「引き取り屋」は、外国商館から物を買う問屋。つまり、輸入商。

外国商館はいわゆる仲買人であり、彼らが本国の客との貿易をしていた。外国商館は、武器や船を日本に売るのが商売の中心であった。

益田孝は、外国商館やそこに働く外国人を注意深く観察している。

横浜の外国商館は、日曜日には休むが、日本の祝祭日には休みもせず国旗も立てなかった。それが日清戦争後は日本の国旗を立てるようになり、日露戦争後には日の丸を立てて休むようになった。つまり、外国商館が日本の国力が増大していくことを認識するようになった。

当時の主な輸出品は、生糸、茶、海産物であった。生糸は、信州、甲州、上州、武州などから横浜の売り込み問屋へ送ってきた。

売り込み問屋は、「見本」を外国商館に提示する。これがまとまれば、「手合せ」といって「契約成立」となる。契約成立ゆえ、値段も数量も変えることなく現物を倉庫に運び込む。ただ、外国商館は、運び込まれた貨物を「拝見」といって吟味して、見本と違う場合は、キャンセルができた。

ただ、四〜五日も荷物を留め置かせ、実はそれから本国と電信で引き合いをして、ダメならキャンセルするという悪い外国商館もいた。

日本にもそういう悪い輩がいた。外国商館に貨物を持ち込んで、重量を計るときに、ちょっと「自分の足を乗せる」と重量が増える。相手もそれを知っていて、帰るときに「足も置いて行け」と言ったという。

生糸の輸出は日本の差別化商品であるが、これには将来性があると益田は思っていた。

その後、再度洋行したときに、西洋の婦人たちが郵便、電信、電話、小売などに多く働いているのを見て、生糸の需要はますます増加するに違いないと思ったからだ。これだけ働くのだから、せめて上着だけでもシルクのものを身に着けたいという願望があると聞いた。よって、益田は帰国してから、大いに養蚕を奨励すべきであるとあちこちで語った。益田の先見性が高い。

益田は、世界に輸出できる産物はないかと日本中を見て歩いた。

のちに詳しく述べるが、安田財閥（のちの富士銀行、安田生命など）の安田善次郎《やすだぜんじろう》は、銀行出店のために全国を見て歩いた。

また、安田善次郎が地域によって人々の資質が異なると思ったと同様、益田も美濃、尾張、伊勢などから武人・文人など人物が出ているのは、人々に根気がある地域だからと言った。

家内工業でも、岐阜などは知恵を出して分業もうまい。例えば、傘屋は、傘の骨を削るところはそれを専門にやり、紙を張るのは別の店、油を塗るところは次の店という風に六軒を経て傘という製品とする。それぞれは年中専門に作業を行うので熟練度が高まり、生産性が上がる。

益田は三池炭鉱の石炭を輸出して、それが三井物産の海外支店網を作ることに大きく貢献した。三井が三池炭鉱を買う前は、そこの石炭は小船で瀬戸内の製塩会社の燃料として売られていた程度であったが、三井物産が本格的に商業化した。三池炭鉱がある大牟田港は水深が浅くて大型船が使えないので、小船で長崎に運び輸出船に積み替えた。今の世の中では信じられないが、そんなコストをかけても石炭を輸出していた。

現代では、露天掘りや大規模生産のできるコストの安いオーストラリアやカナダ・米国産の石炭にはまったく太刀打ちができないが、当時は三池の石炭を上海、香港、シンガポールなどへ輸出していた。

益田は、観察力が高い。外国人もしっかり見ているが、日本人の特徴をこう見ていた。

まず、海上の仕事がうまい。船長なども日本人は信頼が高かった。船が沈没するときに船長が乗客や船員を優先して避難させ、自分は最後まで本船に居残るという英国の船長並みの精神を備えている。

次に、漁業。カムチャッカ、北海、アメリカ西海岸、日本海などにも進出している。

益田は、日本人は貿易も得意であるが、海外拠点で働く日本人男性を支える日本人夫人の貢献も大きいとした。益田は、輸出と輸入だけではなく、外国の製品を日本以外の国に販売するいわゆる三国間貿易も奨励した。

このような時代を担った大人物たちを、一三は、三井銀行の末席から見ることができた。一三は大いに成長し、生涯の財産となった。人から学んだのである。ところで、筆者は、三井銀行時代の小林一三に対する後世のコメントに対して大きな疑問を持っている。

10　出世が遅れた一三とリーダーシップの巧拙

一三の銀行時代を考える上で、少しだけ三井銀行の当時の状況を振り返りたい。

明治九年（一八七六年）に生まれた我が国初の民間銀行が三井銀行である。その前身は江戸・京都・大阪で金融業を営む三井両替店であった。

西南戦争によるインフレを緊縮財政で抑え込もうとした、いわゆる松方デフレであり、そのために三井銀行は多額の不良債権を抱えた。また明治一五年（一八八二年）からの日本銀行開業によって、従来の国庫金の取り扱いが減少し、大きな危機に直面していた。

この再建のために先の中上川彦次郎が三井銀行に抜擢され、不良貸付金の整理を断行し、貸出規模の圧縮を図った。

当時の三井銀行大阪支店の岩下清周の積極策とは真逆の方針であったため、二人は激突し、結局岩下が三井銀行を辞め、北浜銀行を設立することになる。

岩下の情熱的で顧客を引き込む力は、一三も肌で感じていた。同時に中上川の緻密な計算と思い切った行動力も素晴らしいと思っていた。

小林一三にとっては、積極策の岩下もメンターであり、冷静沈着に物事を進める中上川もメンターであった。完全な人間などいないので、この人のここは見習いたいという思いで、どちらもメンターとして尊敬していた。

あえて現代流に言えば、岩下はヒューマンスキルに優れ、中上川のテクニカルスキルが抜きん出ていた。

この不良債権整理の過程で、東京深川仲川町と日本橋箱崎町にある倉庫が三井銀行の所有となった。箱崎の倉庫は、明治元年に北海道庁の前身である開拓使の産物会社が所有していたもので、三井銀行へ差し入れていた担保物件であった。

明治三〇年（一八九七年）ごろまでに、我が国の紡績業はその事業基盤を確立してきており、綿花や綿糸の取り扱いが大幅に増え、商業倉庫の需要が本格化してきた。明治三〇年（一八九七年）に一〇社だった商業倉庫は、明治四一年（一九〇八年）には二六〇社近くになったが、日露戦争直後の明治四〇年恐慌時には取り扱い荷物が少なく、厳しい時代を迎えた。

明治三三年（一九〇〇年）一二月に、三井銀行神戸支店所属倉庫を分離して小野浜倉庫を、東京深川支店所属倉庫を分離して箱崎倉庫を、それぞれ独立支店として、改組新設する準備をしていた。そもそも三井銀行の倉庫部門は、もともと書画骨董品など貸付の担保の保存用であったが、通常の商業倉庫としての役割が過半を超える状況となっていた。

ちなみに、明治四二年（一九〇九年）、倉庫部門が三井銀行から独立することになる。これが現在の三井倉庫である。

前にも述べたが、一三は、二〇歳で三井銀行東京本店の秘書課に入行してまもなく大阪支店抵当係に異動となり、二四歳で名古屋支店計算係長、そして二六歳で再び大阪支店に転勤して貸付係長をしていた。

二度目の大阪時代、一三が二七歳の明治三三年（一九〇〇年）一二月に、三井銀行箱崎倉庫の店舗責任者である主任として内定を受け、翌春早々上京すべしという通告を大阪支店長から申し渡された。しかし、そう発表はされたものの、一三の手元には辞令が来ていない。中上川専務理事が病気だからという説明であった。

主任になると、社宅料がもらえ、さらに特別月手当が出る。社宅料五〇円と月手当として五〇円が出て、さらに一月から定期昇給があるとのことであった。

「自分にもとうとう運が向いてきた」

箱崎倉庫の主任になれると一三は喜んだ。友人たちとの送別会が、忘年会や新年会を兼ねて大阪で何回か催された。

翌年一月、一三は、家族を大阪に残して意気揚々と単身上京した。翌日三井銀行本店に出勤し、銀行幹部に挨拶をした。その後、秘書課長に会った時、課長は辞令の袋を見せながら、

「明日辞令を渡すから」とボソッと言った。

一三はなんとも思わず、その夜は東京の友人宅に泊まった。

翌日、一三は新聞を見て驚いた。三井銀行の倉庫部門の分離のこととその人事が出ていた。神戸の小野浜倉庫の主任には松下丈吉、箱崎倉庫の主任には高津次盛の名があった。

「ん？・高津次盛？・」

箱崎倉庫の主任は自分であるはずなのに、と首を傾げた。

三井銀行本店に行って、秘書課長に会うと、

「どういうわけか、昨日のうちにすっかり変わって、君は主任ではなく、次席だそうだ。高津君が主任だ」と困ったように言う。高津はこれまで深川支店の店長次席であり、今度は箱崎倉庫の主任に横滑りした格好であった。つまり、高津が現場責任者である主任に就き、一三は主任の一つ下の次席となったのである。

なぜ一夜にしてこのようになってしまったのか、その後誰に聞いても答えらしきものはなかった。このような人事のバタバタ劇が、自分に降りかかってくるとは思いもしていなかったので、さすがに一三はおもしろくない。

確かに以前は、夜な夜な芝居小屋に行き、時には花街にも繰り出して、上司から素行について指摘をされたこともあったが、辞令が一夜にしてひっくり返るとはどういうことかと立腹した。

それでも、倉庫業務に携わるようになり、一三は、輸出入貨物を一見するだけで、物流や世の中のトレンドがわかるようになった。

輸出入業務や荷捌きスケジューリングなどは、貨物船の日々のコストを考え、一刻も早く次の港に向けて出航できるよう短時間での荷役作業などの段取りがされることを学んだ。これは、のちの電鉄経営で車両の生産性を高める課題に参考となった。

余談であるが、当時二八歳の一三は、ちゃっかり倉庫を利用した。箱崎倉庫の中で自転車の練習をして、乗れるようになったのである。その後、芝の自宅から箱崎まで毎日のように自転車で通った。

二八歳になってから自転車の練習をしたと聞くと我々は違和感を持つが、そもそも自転車が日本で本格的に広まってきたのは、明治三〇年代中盤から後半である。一三は、時代を先取りする自転車に乗りこなす「ハイカラ」な男性であった。

やがて、中上川専務理事による整理断行によって三井銀行の経営状態が好転し、そのリーダーシップが三井財閥の基礎を確立しつつあった。中上川は、三井銀行の中興の祖と呼ばれていた。

しかし、翌月二月に中上川が、四七歳で病死する。

一三にとって中上川は新入社員の頃からの尊敬するメンターである。銀行のトップであるのに、中上川は一三が作成した書類に赤筆を入れて丁寧に指導してくれた。怒鳴ることなどまったくなく、年齢や立場など関係なく、いつも優しく人を包み込むジェントルマンであった。

誰でも新入社員の時の出来事は、忘れがたい。

厳しい上司であろうと、優しい上司であっても、人は自分を育ててくれた最初の上司は、印象が強い。その一言一言をよく覚えている。向こうは忘れていても、こちらはいくつになってもずっと覚えている。

一三は、初めて尊敬する上司の死を経験した。人間は誰もが死ぬことは百も承知であるが、今、こんな大切な時に、なぜこの人が亡くならないといけないのか。

一三は、涙がこぼれないように空を仰いだ。

「中上川さん、ありがとうございました。やり残されたこともたくさんあってさぞや無念でしょう」

中上川は、冷静沈着であり、人の話をよく聞いた。若手からも意見を求めた。そして勇気を持って決断し、行動に移した。もしも中上川専務理事が長く生きたなら、一三たちより一回り上の年代をなんとかして、銀行を活性化してくれていたであろうと一三は思った。

一三の先輩たちは銀行の急拡大とともに大量採用された。新人採用はまだ確立されておらず、入社してくる人材を基礎から教育する仕組みもなかった。

銀行の仕事のみならず、経済界における訓練も経験もない新聞記者出身が多かった。

好人物であっても、評論はできても、本来の仕事がうまくできない。一三たちのように銀行の仕事の初歩から叩き上げてきたのでない。やがて叩き上げの若手に追いつかれ、追い抜かれる運命にあるのに、自分たちの無能に気が付かず、ポワーンとしていて、のうのうと地位に甘んじている。

若き優秀な社員たちが仕事のできの悪い上司たちを見てイライラし、憤慨している場面はいつの時代もよくある光景である。中上川が長く生きていたら、そういう連中の人員整理も断行され、さらに改革が進んだのであろうが、いったい誰が改革を断行するのであろうか。何より一三が心配したのは、中上川の死によって、これまで中上川が築き上げてきた路線に急ブレーキがかかり、むしろまったく違う方向へ行ってしまうことであった。

その危惧は現実になった。あとがまの早川専務理事は、かかる改革に着手することもせず、銀行は事なかれ主義の沈滞時代となった。

一三は、これを大いに不満に思い、立腹した。

銀行の調査役の仕事は、積極的に活動して参謀本部的に計画性を持って当たればいくらでも仕事があり、また面白いのだが、その大将が部下に遠慮しているというより、単なる無能な円満居士であるので、何を提言しても実行に移す能力がない。新しいことに挑戦する気概もない。ものを決める勇気もない。

この時代一三は大いに悩んでいて転職も考え始めており、自分を更に高めることを意識し始めていた。よって、多くの人に会い、良し悪しは別にしていろんなことを見て、学べるものは学んでいる。

「不満があるから、何もしない、勉強しない」

というのではなく、厳しい状態でも

「どこがおかしいのか、なぜか」をよく観察している。

一三は、早川専務理事を観察し、政府の単なるロボットに過ぎず、床の間に飾られた人形であることを見抜いていた。後日、一三が三井銀行を退職して大阪に行くことを早川専務理事に告げにいくと、こう言われた。

「小林君、辞めないでもう少し辛抱したまえ。今に君の時代が来るよ、君らが待ちくたびれておったのもよくわかっている、私が必ず大改革をする」

一三は、それを聞き流してその場を去った。

「昨日までのやり方をまったく変えずに、なにが大改革だ。早川専務は相変わらずの八方美人でしかない。モノが言えない、行動しない、自分で決めない上司はダメだ」

と独り言を言った。そして、中上川と早川を見比べて、いかに人の裁量や人間力が仕事に天と地ほどの違う結果をもたらすかということを思い知った。

一三は、中上川の死後一年後の自分の日記にこう書いている。「明日は中上川さんの一周忌だ。青山墓地へ詣でた。立派な石碑ができていた。しかし、どんな偉い人でも、早死にしてはダメだ」

11　やって失敗するか、やらずに後悔するか

先にも述べたが、小林一三を証券会社の支配人にスカウトしたのが元上司の岩下清周であった。

岩下清周は、もともと三井物産で欧州勤務などをしたが、その手腕を買われて三井銀行に移った。岩下が大阪支店長となると、新規顧客を積極的に開拓し、実力のほどを見せた。

しかし、そのような積極策は先にも述べた本店の方針とは必ずしも一致しておらず、社内衝突をして岩下は三井銀行を去り、北浜銀行を設立した。

北浜銀行の頭取になった岩下清周は、銀行マンというより事業家に近かった。

人格的にも事業家の経営者という要素を持ち合わせていた。左脳的な仕事上のスキルも高かったが、何より右脳的な人間力が高く部下や客先から絶大な信頼を得ていた。

箱崎勤務のあと三井銀行東京支店調査係兼主任をしていた一三は、全国の支店に出張する機会があった。日露戦争終結の翌年、九州への出張の帰りに一三は、自分の銀行の大阪支店には寄らず、大阪の北浜銀行を訪れた。

岩下の三井物産パリ駐在時代から関係がある桂首相が、外債募集を計画しているという噂があった。

「日本には株式売買の証券会社はあるが、外債、公債、社債の引き受け募集や売り出しをしていない。外国のように日本にもこれらの業務も行う会社があってもいい」と岩下から一三は聞いた。

東京に戻ってしばらくして、一三は三井物産常務の飯田義一から呼ばれた。

「小林君、新しい証券会社を大阪に作るので、その支配人として来る気はないか。岩下の親しい株式仲買店を買収して新しい事業を始めるという話が進んでいる」

新しい証券会社をゼロから立ち上げるのではなく、既存の小規模証券会社を買って事業内容を変更しようとするものである。今で言うところのM＆Aである。

嬉しい話ではあるが、一三は悩んだ。

過去にも一度悩んだことがあった。岩下を敬愛していたから、岩下が辞めた時に三井銀行を辞めてもよかった。頼み込めば、多分北浜銀行で雇ってくれただろう。

しかし、その時は勇気がなかった。いろんな人を見てきて、反面教師にも愛想をつかしていたが、銀行マンをしながら小説を書いたり、俳句を作ったりできる気楽さがあった。

今回は岩下と飯田両名からの指名である。

この上ない栄誉であり、両先輩からの話をちゃんと受け止めて、真剣に考えようと思った。丸呑みするという意味ではなく、イエスかノーかをしっかり相手に伝えられるよう自分なりに吟味したかった。これが本書冒頭の事件の詳細である。

一三は気心の知れた松永安左エ門にこのことを相談しようと、縄のれんが立派な焼き鳥屋に呼び出した。炭火に鶏のアブラがチロチロ垂れ落ち、それが煙となって鶏に微妙な炭の香りを付けている。一三は、焼き鳥を食べながらこう松永に言った。

「現職の銀行員は安住ではあるが、どうもおもしろみに欠ける。周りの銀行マンは、無趣味でおもしろくない」

一三は、歴史、経済、伝記、宗教、舞台、俳句など幅広い読書をしている。また、相撲、歌舞伎、落語、野球の試合などあらゆるイベントに行く自分から見れば、仕事しか考えていない同僚は理解できない。そんなことを言いながら、転職の機会の説明をした。

「転職は面白そうだが、新しい証券会社でやっていけるかどうか不安がある。君ならどうする?」

松永はこう答えた。

「君は銀行員と証券会社の経営とどちらがいいのかを聞いているのかい?」

「まあ、そういうことだよ」と一三が答えると、

「確かにどちらがいいかを考えるのも大事かもしれんなー」と小声で言ってから、松永はしばらく沈黙していた。松永は、コップ酒をぐいと一飲みにしてこう答えた。

「小林君は今やって失敗するのと、今やらずに将来後悔するのと、どちらを取るのかね?」

松永が言うのはこういう意味だ。

転職して失敗するのは確かに嫌だろう。しかし、この機会を逃してしまったら、のちに「あの時やっておけばよかった」と後悔するかもしれない。今できることをやっての失敗と、決断できなかったことの後悔と、二つのうちどちらか一つを採る決断をせよと。

一三は、答えに困っている。

続けて松永は言った。

「どちらの仕事が有望であるのか、どちらの仕事が君に合うのか俺には分からん。君自身もやってみないと分からないと思っているかも知れないだろう」

さらに松永は続けた。

「どっちが自分にとって向いているかと言う損得ではなく、自分が納得するか、自分にとって後悔がないかを考えるべきではないだろうか」

松永ほど酒に強くない一三であるが、底に青色の円が二重にデザインされているオチョコに二度自分で注いで、グイと呑み干した。そして、煙で煤けた天井を見上げたあと、松永の目を見てこう言った。

「よくわかった。やる！失敗してもいいから後悔だけはしたくない」

続けて、

「とてもいい話だった。君が言った言葉は一生大切に使わせていただくよ」と一三は言った。

松永の話は、一三の心に突き刺さった。このあとも一生付き合いをすることになる若者が、本気で話し合えた。迷っている弱さに、こうすれば決断できると言う勇気あふれるアドバイスであった。いい友を持ったと心から感謝した。一三はトイレに立つフリをして、流れ出た一筋の涙を拭いていた。

一三は、その後も物事を進めようとする場合、「今やって失敗するか、やらずに後悔するか」を一つの指針として、やるかやらぬか自分に問うた。

「失敗してもいい。それよりやらずに後悔するのは嫌だ」と思っている以上、当然物事には積極的になる。「迷ったら、やる」という信念を持つようになった。

決断した一三は、新設の証券会社の支配人になるために、明治四〇（一九〇七）年一月二三日に三井銀行を退職し、東京から大阪に引っ越してきた。足掛け一四年のサラリーマン生活であった。

しかし、冒頭のように、明治四〇年恐慌と言われた日露戦争後の大不況となり、新しい証券会社の話も一三の支配人の話も一挙に吹っ飛んでしまった。

一三は「失敗するより後悔したくない」と思っていたものの、これほど見事に空振りをするとは、思っていなかった。

12 親友松永安左エ門

前後するが、一三にアドバイスをした松永安左エ門をご紹介したい。

松永は、明治八年(一八七五年)、長崎県壱岐群石田村の廻船問屋の長男として生まれた。一五歳で上京し慶應義塾に入学したが、自分の病気や親の死去で一旦退学。その後再度慶應に入る。前述したように、福沢諭吉をメンターと仰ぎ、大きな影響を受けた。

松永は、福沢が言うように大学卒業後事業家を目指したが、大変な苦労をした。これは、小林一三が銀行を辞めて新しい証券会社の仕事に就き損ねた明治四〇年不況の時のことである。

一時は隆盛を誇る石炭業者をしていたが、石炭が供給過剰になると一気に石炭の価格が暴落した。松永は、その損失を取り戻そうと株式にお金をつぎ込んだが、株でも大損をしてスッテンテンになり、自己破産した。

戦争好景気の反動が来ると判断した野村証券の創始者野村徳七が株の空売り方に回り、松永は底値であると判断して株式を買う方に回ったのだった。もうこれ以上下がらない底だと思って買っても、どんどん相場が下がる。頭を抱えて「ウォー、ウォー」と声にならない叫びを続けていた松永であった。

悪いことは続くものである。松永の大阪の自宅が火事で全焼し、失意の中で長屋住まいをしていた。残ったものは借金と焦燥感のみであった。

松永は、真剣に自殺することを考えていた。

そんな時、松永がいる長屋に、本や掛け軸の入った大きな風呂敷包みを持った小男が現れた。一三である。

一三を見た松永は、満面の笑顔でこういった。

「おや、こんなところによく来てくれたね。恥ずかしながらこのザマだよ」

「退屈しているかもしれないと思って本を持ってきたよ」

狭い長屋に上がり込んだ一三は、散らかっている狭い部屋の中を見ないふりをして、松永を見た。顔色はよくないが、病気ではなさそうだ。

そして、一三は松永に話しかけた。

北鎌倉　延命会　松永耳庵喜寿祝にて (1951/04/07)
右から長尾欽也（わかもと製薬）、松永安左エ門、小林一三、五島慶太（東京急行電鉄）、服部玄三（服部時計店）

「私が銀行に勤めていた頃、出張先の建物も部屋もみすぼらしい安宿で一組の上品な夫婦に会ったんだ。そのむさ苦しい旅館になんと一月も逗留しているそうだ。訳を聞いてみたらこう言うんだ。『家業も家族も何もかもがうまくいっているのです。こんなことなど普通ありえない。この幸せに天狗になっていると、とんでもない不幸が来ると思うのです。だからこういうところで今の自分たちの幸せに感謝しているんです。家から離れて、こういうところで自分たちをしっかり見つめているのです』とね」

人生山あり谷ありで、今の境遇をいちいち気にするなということを、一三は松永に伝えたかった。少しでも松永の気持ちが晴れることを期待した。

それをすぐに感じた松永は、一三を見つめてこう言った。

「ワッハッハ。新しい証券会社の支配人の仕事がなくなって、君こそこの不況の被害者じゃないか。ワッハッハ」

しかし実際は、一三は銀行を辞めて四か月後に阪鶴鉄道監査役として仕事につき、給料をもらっている身であった。確かに松永が言うように、証券会社の話は露に消えたが、それでもすぐに別の仕事が見つかった。仕事があるだけはるかに幸せである。

一三は松永のことを本当に気の毒に思った。仕事一途な男が不況のせいでこんなことになるなんて。

「本や掛け軸に退屈したら、処分してもらっていいよ」と一三は松永にさらりと言った。

現金を渡しても松永は受け取らないだろうと一三は思っていた。だから、本と掛け軸を売って金にしてほしいと思って持ってきた。

「こんな狭い長屋住まいのどこに掛け軸を使うんだ」

と松永も笑って言ったが、一三の気遣いが心底嬉しかった。

人は成功者や権力者に近づいていくが、失敗したり権力の座から離れたりすると見知らぬ顔で去っていく。一旦は海岸に押し寄せる波も、まもなく引き潮となってそこには影も形もなくなる。

松永が羽振りをきかせていた頃には、多くの業者や輩が松永に近づき、チヤホヤしていたが、一旦ダメになると一人、二人と姿を見せなくなり、そのうちに誰も周りにいなくなってしまった。そんな時に一三が、ひょっこりやってきた。こんなどん底の男をわざわざ訪ねてきてくれた。心から感謝をしていた。

「ありがたく頂戴するよ」と言いたかったが、言葉にならない。松永は、

「失敬、トイレに行ってくる」

と言い残して席を立ったが、溢れる涙がいつまでも止まらない。

「この男とは一生付き合うぞ」と松永は思った。


その後三〇年以上経った一三が主宰する茶会の席に、松永は一枚の洋画を持参し、一三にプレゼントした。一三目は舐めるように絵を楽しんでいた。

「これはいい絵だねー」

と目を細めて言った。

「ありがたく頂戴するよ」

一三本人はすっかり昔のことを忘れていたが、松永は一三が掛け軸を持ってきてくれた当時の

長屋時代を思い出し、感謝の気持ちでいっぱいであった。

二人の仕事以外の共通点は、茶道への傾倒と茶道具などの美術品収集である。

一三の号は、一三の名前をもじった「逸翁《いつおう》」、松永の号は、論語の「六十にして耳順《したが》う」から名付けた「耳庵《じあん》」であった。頑固で有名であったのであえて「人の意見を広く聞く」という意味で自らそう名乗った。

松永は、多くの苦難を乗り越えて、福博電気軌道、九州電灯鉄道を設立し、その後東邦電力を経営する。戦後の電力事業再編制においては、電力事業の民営化を図り現在の一〇電力体制の基礎をつくり、戦後の高度成長を支えた。多くの反対勢力と断固として戦ったことから、「電力の鬼」と呼ばれた。

立派な実業家になるには三つの条件が必要だとのちに言った豪傑である。

「大病をする」

「倒産を経験する」

「牢屋に入る」

これくらいの困難も乗り越えられないようでは立派な実業家にはなれないと言い放った。骨太で気迫溢れる人物である。努力を惜しまず、徹底的に物事をやり抜く。夢中になる。ヤワな事は許せないのである。

「人事を尽くして天命を待つ」という言葉があるが、松永はこう言っている。

「人事というものは尽きるところがない。中途半端で投げ出して、私は十分人事を尽したという人がわからない。死ぬまで事をしなければならない。天も命もない。他人様にかかわりないのが自分の活動力であり、実行力であり、魂というものだ」

自分もたくさんの失敗をしてきただけに、失敗に対しても前向きな考えを持っている。

「意気地さえあれば失敗などは人生にない。そして、失敗によって人は鍛えられるのだ」

仕事の考え方についてもこう言っている。

「同じことに対して、やる奴はやるように考えるし、へこたれる奴はへこたれるほうへ考えてしまう」

一三は、景気の浮き沈みを体験してきて、景気の良し悪しに左右されないビジネスを目指した。

第一次世界大戦前の日本は、重工業製品の輸入で大幅な貿易赤字を出して、厳しい国際収支であったが、第一次世界大戦の影響で日本には空前の好景気が訪れた。

戦場のヨーロッパでは製品の生産ができず、アメリカや日本の製品が飛ぶように売れた。

同盟関係にある英国向けの物資の生産などで大きな利益を得て、それまで日本は債務国であったのが債権国に一変した。

この頃から造船など重工業が発展していく。そのほかに、大戦景気は、海運、化学、鉄鋼、機械などを活況とした。

大正七年（一九一八年）、大戦終了後もヨーロッパの復興やアメリカの好況から大戦時期を上回る好景気となった。商品投機、土地投機、株式投機が盛んになり、物価が高騰した。

しかし、好景気も長くは続かない。大正時代の後半になると株式が暴落し、ジェットコースターのように不況に突入する。投機ブームが崩壊し、海運、貿易、重工業などが大不況となった。

日清、日露、第一次世界大戦と約一〇年ごとに、景気・不景気の波が押し寄せた。

好不況の波は、現代だけの現象ではなく、古今東西、常にあった。

少し考えれば当たり前の話なのだが、人はいいことを覚えていても辛い事は忘れがちである。

ゴルフでのナイスショットは覚えていても、チョロしたことなどは思い出したくもない。大勝ちしたパチンコや競馬は記憶に残るが、普段の負けはちゃんと勘定したくもない。

一九九〇年のバブル崩壊やリーマンショックが、まさかの天変地異のように言われることがあるが、歴史の変遷を見ていれば、当たり前に繰り返されている事実の一つに過ぎない。

過熱した経済や株式市場が何らかのきっかけで、調整するのはむしろ当たり前の話である。歴史を学ぶ意義もここに見出せる。

一三は、部下や若手に読書を勧め、歴史を知っておくことの重要性についてもよく語った。時には、松永安左エ門の波乱万丈の人生を引き合いに出して、好景気不景気について説明した。好不況に左右されることなく、いつでも収益が出るビジネスを考えよというのが口癖であった。

松永はのちに自分と親友の小林をこう比較している。

「二人の性格は相反していて、私が粗雑な性格で時間などの厳守が難しく、浪費癖もあるのに対して、小林君は非常に几帳面で、時間もきっちり守り、金銭感覚も厳密だった」

物事を諦めることなくしつこく追うのが松永で、ダメなものは失敗と諦めて次のことに移るのが一三であった。

例えば、恩師の福沢諭吉が興した時事新報が苦境に陥ってきた時期があった。松永を筆頭とする慶應義塾で世話になった者たちがなんとか援助をして助けなければならないと言っても、一三は「つぶれるものはつぶれる」と言って松永の支援の要請を断ってしまった。

一三は、人生で心に残る「松」が苗字の人物に三人出会うが、第一番目の「松」がこの松永安左エ門であった。

第二章　経営者として頭角を現す

13 雇われ社員から経営者への脱皮

証券会社の支配人になる話が頓挫して、三か月ほど不安な日を送っていた一三に再び三井物産の飯田義一から声がかかった。

三井物産が大株主である阪鶴鉄道（当時大阪〜舞鶴間の私鉄、現ＪＲ西日本福知山線）の監査役として迎えたい、との内容であった。これが一三の鉄道ビジネスとの出会いであり、この時一三は満三四歳。この監査役を受けて、ようやく転職が決まった。

富国強兵・殖産興業で国力が富み始め、日清・日露の戦争も経験した日本はさらに強力な国づくりを目指していた。日露戦争の際にも軍用物資の輸送を考え、当時私鉄の国有化が本格的に議論され、明治三九年（一九〇六年）には鉄道国有法が公布され、阪鶴鉄道も国有化対象の一路線となった。

国を挙げて食料や軍事物資など物流統制が取りやすいように国有化されたのであった。

阪鶴鉄道の大阪〜舞鶴間の既存路線は、国に売却されるのであるが、それより前に阪鶴鉄道は梅田〜箕面・有馬間と、宝塚〜西宮間の路線施設計画を進めており、その許可も取得していた。こちらの路線は国有化の対象とはならなかった。限られた予算で国有化されたのは軍事用に使われる主たる幹線であった。

これらの許可取得路線が、のちの箕面有馬電気軌道株式会社（通称箕面電車）でありその後阪急電鉄となる。


拠点である梅田駅（現在の大阪梅田駅）は、ＪＲ大阪駅の隣にある。

梅田は、昔は何もない湿地帯にあり、そもそも湿地帯を埋め立てたので「埋田」と呼ばれていた。

一三は、許可の下りていた梅田発の新電鉄について考えをめぐらせていた。

阪鶴鉄道が取得した申請許可済みの新電鉄路線を引き継ぎ、別会社として独立させる構想である。一三は、当時阪鶴鉄道の監査役であるが、その役職を降りて別会社の一員になるという構想であった。

当時一三は、大阪市内に住んでいて、阪鶴鉄道池田駅の山手にある阪鶴鉄道本社に通っていた。

一三は、新電鉄の戦略を考えるべく、梅田と池田の間約一六キロを二度歩いてみた。歩きながら、のちに実現する住宅地開発構想や終点駅でのイベントなどによる路線活性化構想を練った。この沿線の将来の姿を想像した。

覚悟を決めた一三は、北浜銀行の岩下清周を訪問した。

「三井物産から鉄道敷設用機械と必要資材を買うことができて、新会社の資本金として、第一回払込金一三七万円があれば開業が可能となります。未引受株五万株を北浜銀行でなんとかしていただければ、私はこの仕事をやらせていただきたいと思います」

とお願いをした。

岩下は普段より大きな声を出して、こう言った。

「機械などは三井物産の飯田君に話せば大丈夫だ。開業してから払えばいい。しかし、問題は君だ。資金調達をしていただければ、やらせてほしいというような他人まかせの気持ちではダメだ。銀行を辞めて独立したのだから、自分自身の一生の仕事として責任を持ってやってみせるという意気込みでないといけない」

岩下は、一三の説明を聞いて、一三は資金の目処がつけば雇われ社長としてやると理解した。一三自身も雇われ社長を考えていた。

「雇われ銀行マンという気持ちと決別しなければいけない。そういう覚悟があれば、おもしろい仕事だと思う。やれるかね」

岩下の意味することはすぐ理解できたが、その意味を十分に考える間もなく、

「はい、やります」と一三は答えていた。

一三は、これまで月給取りであり、事業そのものへの責任や計画遂行の手腕などについては自信があるわけではなかったが、岩下の質問にそう答えるしかなかった。

岩下には、一通り沿線の宅地開発構想なども詳しく説明していた。

岩下は聞いた。

「君は新しい株主からどれくらい出資をもらえそうかね」

「一万株か二万株かわかりませんが、不足分は誰かが引き受けるという条件であるなら可能性は高いと思います」

「では、君もできるだけ多くの出資金をこしらえてみたまえ。東京に行って、甲州派の人たちにお願いしたまえ。不足分はこちらで引き受けることにするから」

不足分を引き受けると言うコミットメントは、一三にとってこの上ない嬉しい言葉であった。

出資を募る際には、必要総額に達するかどうかが問題になる。何社かの出資引受意思表明があっても出資金不足では事業を開始することができないので、結局出資の検討に時間を費やしても実現せず、無駄になることがある。

反対に、誰かが不足分を全部背負うと言うコミットメントがあれば、出資検討に時間を費やしても惜しくはない。さらに、残りの全部を負うと言う株主がいると言うことは、事業性が高いと判断されている証拠である。

だから、一三は、その条件であれば、新規に株主を見つけ易いと言った。

岩下が「不足分は引き受ける」と言ったことは、一三がやろうとしている新規事業全体に対するフルコミットメントであり、一三は飛び上がるほど喜んだ。一生忘れることのできない喜びであり、心から感謝した。


岩下は、続けてこう言った。

「ところで、人の手当てはできているのか」

「いいえ、これからです。どなたかいい人材がいれば、ご紹介お願いします」

「オイオイ、小林君、そこも人頼りではいけない。君が事業をするのだから、私に頼るのではなく、君が自分で人材を集めて当たり前だ」

岩下は一蹴した。

岩下は、一三が任せられた以上、人事も自分でやるべきと、はっきりしている。

その気になれば、岩下の配下を一三の周りに数名置くことなど容易いことではあるが、そんなことでは一三に新規事業の立ち上げを任せたことにならない。

器の大きいリーダーとはこのようなものである。

任せる時は、全部任せる。しかし、甘やかさずに、責任の所在を明確にしておく。

晩年小林一三はこう言った。

・百歩先の見えるものは、狂人扱いにされる。
・五十歩先の見えるものは、多くは犠牲者となる。
・十歩先の見えるものが、成功者である。
・現在が見えぬのは、落伍者である。

岩下は大きなスケールで百歩先以上を常に考えている男であった。山のように大きく海のように深い懐を持っている。つまり、人間力が高い。

しかし、大きなことをやるには、大勢の人を動かさなくてはならず、多くに語りかけなければいけない。そういう時には、やっかみやひがみを持つ人が現れるものである。

これは世の常であり、岩下はのちに北浜銀行事件というスキャンダルに巻き込まれて失脚してしまった。

五十歩先の見える人は素晴らしい能力があるが、やはりそれを妬む人間も出てきて、どうでもいいような人間から足を引っ張られる。

十歩先のことをしっかり見極めて即刻行動に移せば成功する。

できることとやれることをしっかりと見極めて行動することが大切である。難しすぎることやできるかできないかわからないことに憧れていないで、できることをしっかりと継続的にやることである。これが成功する秘訣であると言う。


一三は、電鉄ビジネスを始めるにあたり人材集めということを初めて経験して、自分に人脈がほとんどないことに気がついた。三井銀行に十四年いてその間付き合っていたのが、社内や三井関係の人間がほとんどであったことを悔やんだ。

集めた人たちは「駆り集めの人々」であった。強い絆で結ばれている人や同じ価値観を共有している人々ではなかった。このような状態ではなかなかいい仕事もできないと強く感じた。

現代でもそうであるが、大企業にいると、朝に同じ会社の人間と仕事をして、昼ごはんを同じ会社の人と食べ、午後も同じ会社の人間と仕事を共にする。夜の食事も同じメンバーで、時には週末も同じ会社のメンバーでゴルフに行ったりする。結果、その会社の人間しか知らず、外部との人脈ができない。

そうではなくて、勉強会や異業種交流会などに自ら参加して幅広く外部の人たちと交わることが必要である。

そこで一三は、人を養成するしかないと思い、事業が軌道に乗ってきた頃から自費を投じて合宿所を作り、大学や専門学校の書生を収容して、修養鍛錬を積ませた。

14　甲州財閥からの学び

岩下から言われた一三は、さっそく東京に行って郷里の先輩や友人たちに株式の引き受けをお願いした。根津嘉一郎《ねづかいちろう》、小野金六《おのきんろく》、その他数十人で一万株近くの株式引受人を得た。岩下の言う甲州派とは甲州財閥と呼ばれる人たちである。

小林一三は、甲州財閥から大きな影響を受けているので、ここで紹介する。

元々、武田信玄で有名な甲州国は、江戸時代以前から甲府の城下町が栄え、甲州街道や富士川舟運送などの物流網も発達していた。開国で横浜が開港されると、果樹や生糸などの甲州産物が輸出され地元も潤った。一三の実家も養蚕を取り扱っており、この恩恵に大きくあずかったことはすでに触れた。

平野が少なく厳しい自然の甲州（山梨県）では、家を継がなくていい次男三男たちが地元で商売を起こしたり、都会に飛び出したりと活躍して、多くの経済人が生まれた。全国で活躍した甲州財閥でも著名な人物は、若尾逸平、若尾幾造、若尾璋八、雨宮敬次郎、根津嘉一郎、小野金六、穴水要七、小池国三、佐竹作太郎、神戸挙一、堀内良平である。その中でも若尾逸平と雨宮敬次郎は二大巨頭とよばれた。

若尾逸平《わかおいっぺい》は、文政三年（一八二〇年）、甲斐国巨摩郡《こまぐん》に生まれた。自宅の桃の木になった桃を行商するというまさに天秤棒一本で身を起こし、その後、横浜開港を契機として織物や生糸の商売で財をなした。株取引にも熱心で若尾両替店という銀行類似業務に携わり、第十国立銀行創立にも参加した。

若尾も、今後の日本の将来を読んで、株を買うなら「明かり」と「乗り物」と言い、のちに東京馬車鉄道と東京電燈を買収。地元の発電所事業にも関係した。晩年は、初代の甲府市市長に就任し、貴族院議員も務めた。若尾を見習い、若尾に相談してくる後輩にも知恵を与えた。大正二年（一九一三年）歿。

雨宮敬次郎《あめみやけいじろう》（一八四六－一九一一年）は、「天下の雨宮」と呼ばれ、鉄道、鉄鋼、電力事業などに関わり、中央線沿線や軽井沢の開発をした。

雨宮は、情熱家であった。

貧農の次男として生まれた雨宮は、父に言われて、五歳から道に落ちている馬や牛の糞を早朝から拾い、田んぼの肥料とした。田んぼ仕事をしながら、寺子屋で一生懸命学ぶ幼少期を送った。一四歳で玉子の行商を始め、繭や生糸を売った。そして青雲の志を持って東京に出た。

「成功する商人は努力家であるが、長続きする商人は目的がお金儲けだけではない」と利他の精神を説いた。人様のために尽くすことである。

また自分自身の生き方も利他であり、こう言い残している。

「私の過去は人も知るごとく、全く奮闘の人生でその目的は徹頭徹尾、世のため、人のため、国のためであった」

雨宮も、やはり「明かり」と「乗り物」が国家の根底となるインフラ事業が成長すると見ていた。

雨宮は、明治九年（一八七六年）、三一歳で米国大陸を横断しており、日本の発展にも鉄道が必要であると実感していた。雨宮も明治のグローバル人である。

そもそも、雨宮は日本の旧来の輸送インフラに危機感を持っていた。絹などの産物は、「生産地」から「鉄道や水運などの集荷拠点」を経て「消費地」へと運ばれているが、下手をすると「生産地から集荷拠点」までのほうが「集荷拠点から消費地」までのコストより高くつく。そういう意味で、雨宮は地域の馬車鉄道などの敷設にも腐心した。

鉄道などの新しい事業には反対する百姓や地主がたくさんいた。彼らには、雨宮は「今ではなく、子孫の時代のこと」を語って膝詰めで説得した。また、貧乏百姓をしているより、便利になって土地の価値が上がる将来に期待するよう説いた。またそれは、地方の繁栄であり、ひいては国家の繁栄となるとした。


小野金六《おのきんろく》（一八五二—一九二三年）は、一三と同じ現在の韮崎の出身であり、一三とは親戚筋に当たる。名主で酒造業を営む実家の次男として生まれる。

小野金六は、山梨第十銀行東京支店長を経て東京の第十五銀行へ入行、支配人となった。

その後、甲府から富士川沿いに静岡に通じる富士身延鉄道の社長を務めた。また、雨宮敬次郎らと桂川水力発電を発起したほか、東京電燈の取締役となる。複数の銀行の要職や富士製紙会社の社長を務め、多くの鉄道や電力会社の役員などに就任した。

特記すべきは、小林一三が二回目の東京の箱崎勤務となって芝に住んでいた頃、当時近くの飯田橋に住んでいた小野金六の家によく遊びに行っていたことだ。小野家とは家族ぐるみの付き合いであった。

一三が大阪に勤務している時も、小野が出張で西日本に来るたびに、一三を訪れた。東京の小野家の隣には、雨宮敬次郎が住んでおり、一三は雨宮とも親しくなった。日本をリードする二人の実業家と親しく話をする機会を得て、一三も大いに影響された。一三はこう思った。

「明かりと乗り物の分野で活躍したい。雇われの身ではなく、事業家として大きく羽ばたきたい」

福沢諭吉のいう独立自尊であり、また「雇われより小さくてもいいから自分で事業をやれ」という福沢の教えが頭を何度も横切っていた。

起業に至った大きな動機の一つが、小野金六であった。

「小野金さんも最初は銀行マンであり、その後独立された」と一三は思っていた。

そして、「一三、銀行から飛び出す」のである。

甲斐国（山梨県）東山梨郡の地主であり資産家であった根津嘉一郎《ねづかいちろう》は、東武鉄道を成功させ、「鉄道王」と呼ばれた。

小林一三は、一三歳年上の根津から鉄道事業の可能性や事業の進め方について大いに学んだ。また、「乗りもの」ビジネス以外についても学んでいる。

一三はよく次のセリフを自分の後輩に順送りしたのであるが、それはもともと根津嘉一郎の口癖であった。

「好況時に始める商売は失敗するかもしれないが、不況時に始める商売は失敗しない」

好況時に始める商売は、事業計画の収益予想が好況をベースに作られていることが多い。他方、不況下で新規事業を立ち上げるには、事業計画は不況をベースに作成される。よって、不況時に始める商売は安易に潰れにくく、有望であるとした。

これは、現代にも通じることである。

話を甲州財閥と一三に戻す。

武田信玄もそうであったが、雨宮は「山河が人をつくる」と言った。甲斐国への行き来には、険しい山々の峠道や絶壁をいく必要がある。平野が少なく、内陸性気候など厳しい自然環境が甲斐魂を作る。

天秤を担いで事業を起こした「努力人」であることが、基本であることを一三は学んだ。甲州の起業家たちが口を揃えて言い、実現しているのを見た一三は、電力事業や鉄道事業が有望であることを知った。当時日本が立ち遅れていたインフラ分野が成長産業であった。

現在の起業家の成功が、インターネットを含むＩＴ分野に多く見られるように、当時は電力や鉄道が有望な成長分野であったと言える。

「明かり」と「乗り物」に注目した甲州財閥が、地元のみならず全国で活躍した。また、若尾、雨宮、小野、根津ら甲州財閥は、時に共同で事業を推進した。

こういう先輩たちを見てきているので、当時一介の銀行マンとして働いていた一三にとっては、銀行から飛び出すことも常に心にあった。

起業家精神は、銀行を辞めてからではなく、銀行員の頃から先輩の話を直接間接に聞いて学んでいたのである。

確かに、銀行では、勤務しながら好きな文学的活動もでき、気楽ではあった。芝居小屋や時に花街に繰り出し、銀行マンとしてのお行儀を上司から咎められたこともあった。だから、不遇であったかもしれない。

しかし、将来は起業するという大きな目標があり、心ではその準備を粛々と行っていた。銀行で評価を受けない時期もあったが、決して一三の出来が悪かったのではない。繰り返しであるが、一四年間出来が悪い社員が、独立して急に優れた経営者になれるはずがない。着々と実力をつけていたのである。

小林一三は、故郷の先輩たちの姿勢に大きく共感していた。

短期的ではなく、長期的視野に立った考え方をする。自分の生きている時代より子孫の時代のことを思って判断すべきであり、利己より利他を考えることの大切さも知ることができた。

甲州財閥をはじめとする実業家は茶道を嗜む人物が多く、彼らは茶会を古美術の鑑賞目的以外に、情報交換の場として利用した。根津は「青山」の号での茶人で、茶道具や古美術品の収集品も多く、のちの青山に根津美術館を残した。

一三もその影響を受ける。

15　終の住処を池田に決める

一三は、阪急宝塚線の大阪梅田と宝塚の中程にある池田を終の住処とすることを決断し、明治

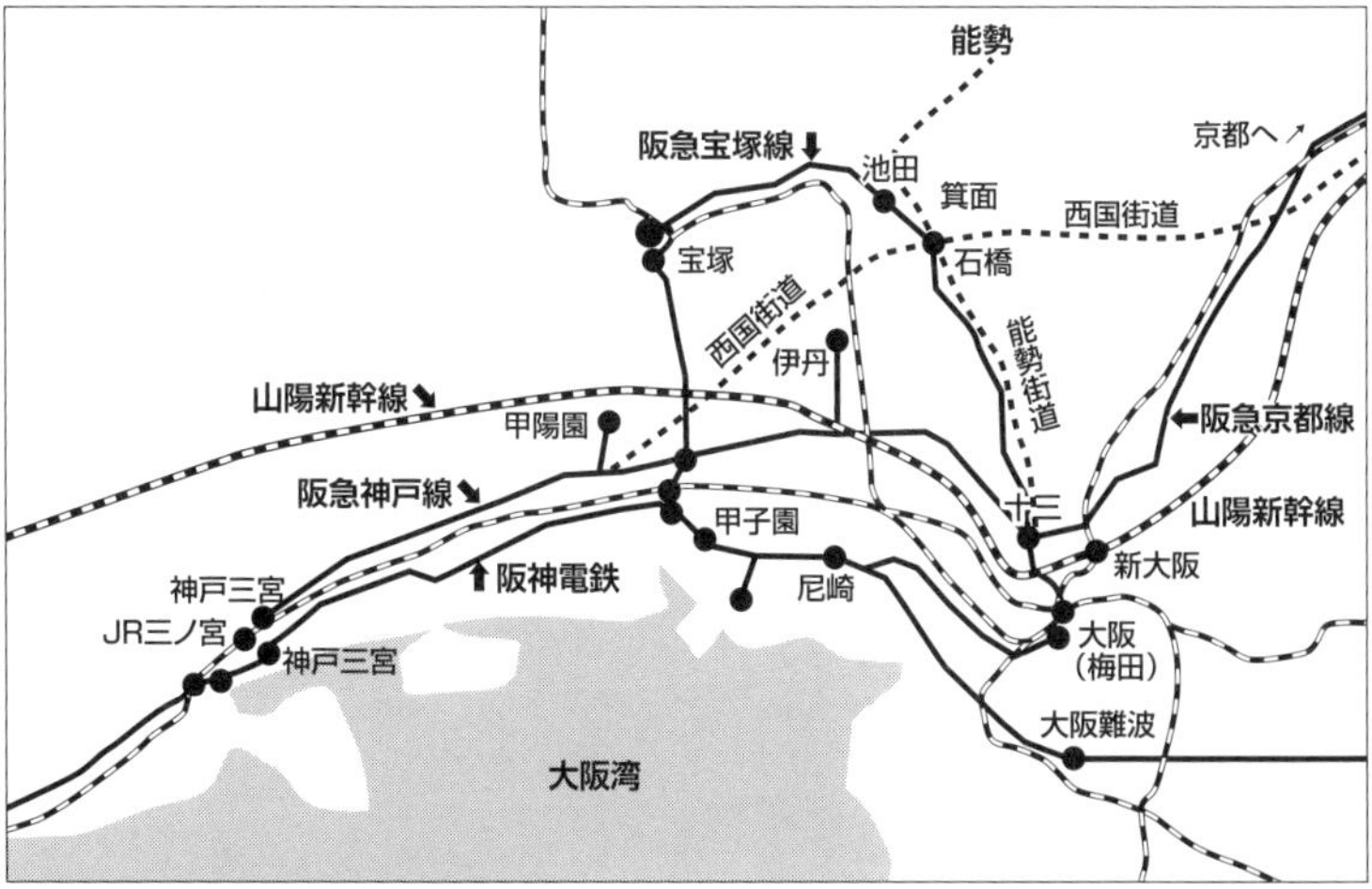

神戸—大阪—京都（鉄道と旧街道）

四一年（一九〇八年）、豊能郡池田町建石町蜜柑山（現在の池田市建石町）に転居した。時に三五歳。

一三が移り住んだ池田は、大阪府の北西、大阪市内から約一六キロ北に位置する。東と北は箕面、南は豊中、猪名川《いながわ》を挟んだ西に（兵庫県）川西に接する。

市街の北に五月山連山があり、西側を南北に水豊かな猪名川が流れている。春はサツキで山が染まり、桜も美しい。

一三が生まれ育った韮崎と極めてよく似ている。韮崎には釜無川《かまなしがわ》が南北に流れ、すぐ西横の南アルプスの春は桜やサツキが咲き溢れ、秋は紅葉が美しい。

韮崎が交通の拠点であることとも酷似している。大きく違うのは、韮崎からは大きな富士が見えることである。

池田の歴史は古く、猪名川の周りに旧石器人が多く住んでいて、旧石器時代からの遺跡も数多くある。着物のことを「呉服《ごふく》」というが、『日本書紀』に登場する呉服《クレハトリ》・漢織《アヤハトリ》姉妹がこの地に住みつき、機織・裁縫の技術を伝えたという伝説もあり、池田には「呉服《くれは》」という地名が残っている。

池田は、昔から重要な街道と河川交通の経済拠点でもあった。能勢《のせ》街道と呼ばれる大阪市内と能勢を結ぶ街道のほぼ中間に位置する。能勢は、米、栗、果物、木炭などの産地であり、能勢街道経由で池田に運び込まれた。能勢の炭は、たいへん良質で、池田炭という名前で知られていた。切り口が菊のようで菊炭とも言われ、茶会などで人気であった。

牛馬や人力で能勢から一日かけて産物を運んできて、大阪の街中からはやはり一日かけて集散地に買い物をするために人々が集まってきた。その中間地が池田の旧商業地区であり、阪急宝塚線敷設前から栄えていた街であった。先にも述べた米や野菜の集散地であり、街道や河川交通の要所でもあった。また池田酒の製造業者や販売店が江戸時代から立ち並んでいた。

一三の家は旧商業地区からちょっと離れた五月山の麓で蜜柑山と呼ばれる高台にあった。一三は、阪急宝塚線・箕面線を成功させることを絶対の目標としていたので、鉄道敷設前からそこに自らの終の住処を持つことを考えていた。現在旧邸は、阪急文化財団が運営する小林一三記念館となっている。一階には大きなマントルピースがあるゆったりとした二階建ての洋館であり、春は桜が咲き誇り秋は真っ赤な紅葉が旧邸を彩る。

能勢街道は、大阪から北に延び、岡町、石橋、池田を通って能勢に通じる。

阪急宝塚線は、梅田から池田までほぼ能勢街道に沿って北上している。それ以降宝塚線は能勢街道から離れて、西北の宝塚に向かう。

蜜柑山の小林家から坂を二、三分徒歩で下ると能勢街道に突き当たる。そこを右折して、坂を下りていくと旧商業地区につながる。

そのまま能勢街道を猪名川方向に西に行くと、呉服屋、茶屋、雑貨屋、米屋、料亭、問屋などがぎっしり並んでいる。現在も「呉春《ごしゅん》」という池田酒の酒蔵が残っている。

能勢街道と（池田駅から北に向かう現在の）栄町商店街との交差点は、「井戸の辻」と呼ばれ、池田の旧商業地区の中心であり、そこは江戸時代から繁盛していた。

旧商業地区の中程に、いまでもひときわ目立つ「加島《かしま》銀行」の建物が猪名川方面に向かって右側に残っている。

「井戸の辻」

加島銀行池田支店は、大正七年（一九一八年）に作られた。

創始者の広岡浅子《ひろおかあさこ》は、嘉永二年（一八四九年）、京都生まれ、広岡家に嫁いだ三井家の一員である。広岡は、実業家で教育者であった。加島銀行の他に大同生命を起こし、日本女子大を作った。『あさが来た』というNHK朝の連続ドラマのモデルである。

小林一三は、近所の吾妻《あずま》という江戸時代からのうどん屋に散歩の途中によく立ち寄った。途中、加島銀行池田支店の前を歩いて通るのだが、三井銀行時代に二〇歳以上年上の広岡浅子のことを聞いていたので、その度に

「立派な池田支店をつくられましたねー。ご活躍、さすがです」と微笑むのであった。

池田駅から南に行くと（池田市）室町がある。今

旧加島銀行池田支店（インテリアカワムラ）

は高級住宅街であるが、もともとここは電鉄沿線活性化の一環として最初に一三が手がけた住宅開発地域である。

一三は、池田駅一帯を高級な地域住宅街とすべく、自ら見本となるという戦略を練った。

中でも自分が住むこの蜜柑山を特に池田の中でもとびきりの高級住宅街としようと思った。お金持ちが安心して住めるよう、医者を求め、一三の家から徒歩一分のところに大阪回生病院池田分室が開業した。今もある。

環境のいい場所を探す人は多いだろうが、住んでいるところを高級住宅街にしようと考えるのは、さすがにスケールが大きい。

16 「最も有望なる電車」PRで仕掛けた高級住宅街構想

阪鶴鉄道の監査役を辞して、新しく箕面有馬電気軌道（阪急電鉄）を起こした小林一三は、その最初の路線である宝塚線・箕面線について作戦を練った。

宝塚線・箕面線とも都市と都市を結ぶ電車ではないがゆえに、一筋縄では黒字化の目処が立たないと思っていた。よって、次の戦略をしっかり考えた。

・「沿線の住宅地を開発して、沿線の人口を増やす」
・「終点に娯楽性をもたせて遊びにいく乗客を増やす」

一三は、早いうちに土地を仕入れ、宝塚線が開通するや池田室町から分譲住宅の販売を開始した。碁盤の目のように一〇〇坪を一区画として、二〇〜三〇坪の五、六室、二階建て和洋折衷の家を作り庭付きで、二〇〇区画売り出した。一戸の価格は二五〇〇円から三〇〇〇円であった。

特徴は、分譲価格の二〇%を頭金として、残りを一〇年月賦として一か月二四円支払えば良いとして販売したことである。

当時、洋服や家具などには月賦販売が存在した。月賦百貨店と呼ばれており、いわゆる百貨店

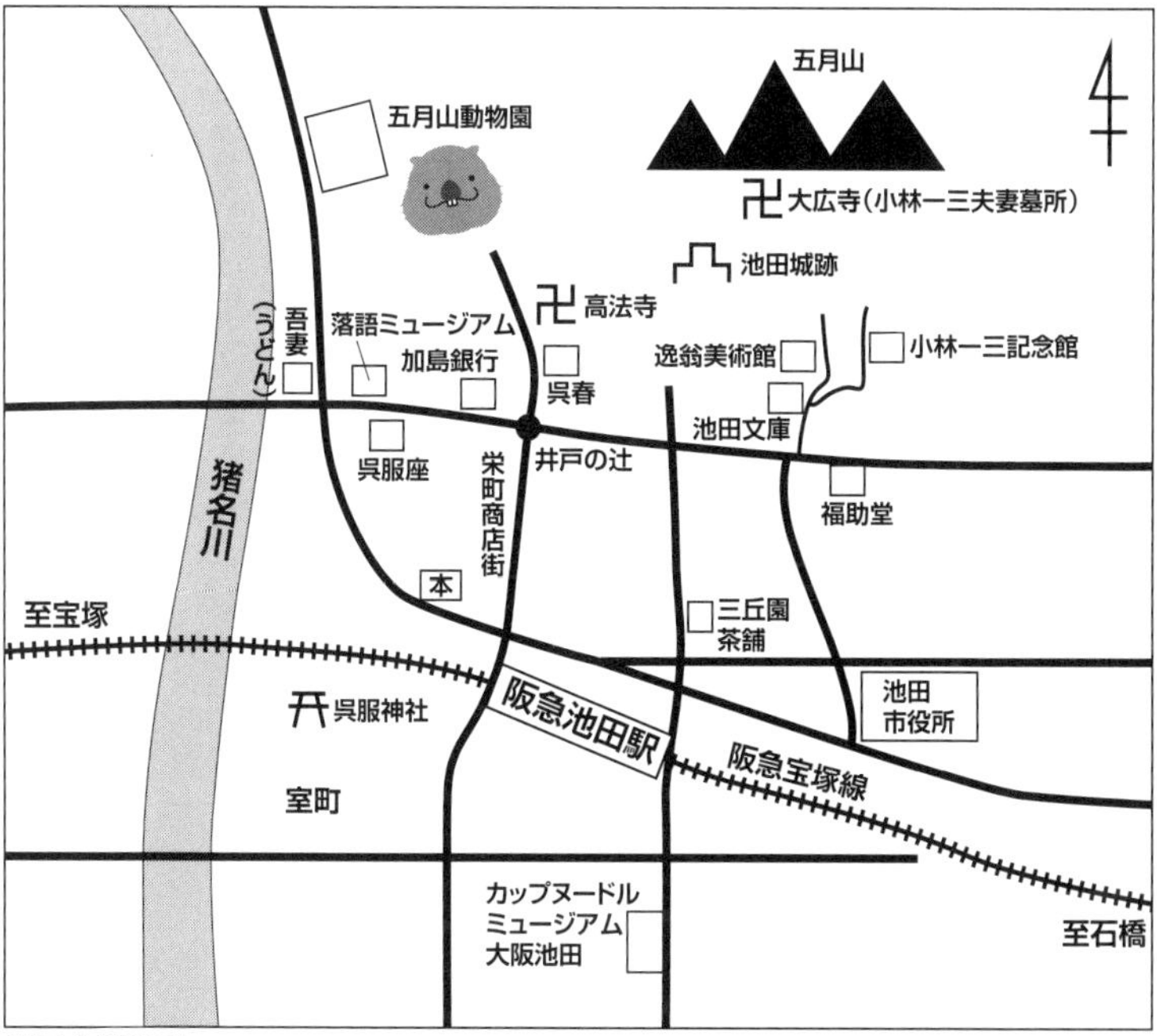

池田市街地図

ではなく、今でいうファイナンス会社であった。始まりは、愛媛伊予の漆器を月賦販売していた田坂《たさか》善四郎《ぜんしろう》であった。

それを一三が、住宅の分譲に応用したのであった。

突然、月賦販売自体を思いついたのではない。先例や既存の仕組みをよく勉強しているからこそ、応用できたのである。

掛け商売と現金商売については、一三がしっかり勉強していた。

江戸時代に遡るが、三井が越後屋呉服店として成功した理由として、店頭での現金販売がある。

かつては、大手呉服屋は、事前に得意先の注文を聞き、後から得意先に持参する方法や、得意先に商品を持参して売る「屋敷売り」を行っており、決済は盆暮れの年二回であった。貸し倒れや売掛金利もあり、価格は高く、資金回収も悪かった。

そこで三井越後屋呉服店は、これを止めて、「店前売り《みせさきうり》」として、価格を下げ、正札をつけて現金販売とした。

そういう歴史を一三は、書物からちゃんと勉強していて、理解していた。

掛け売りにしろ現金売りにしろ、どちらも一長一短があるが、月賦販売は、その中庸であり、月賦百貨店が洋服や家具販売に使っていた仕組みを住宅販売に取り入れたのであった。

さらに、一三は現代流でいう「発信」と「B2Cマーケティング」に注力する。

江戸時代から明治にかけて鉄道が普及していない頃は、人口が市内に集中していた。これはかつての大阪も東京も同じである。

町人はほとんどが長屋暮らしをしていた。五、六軒続きの長屋で、入るとすぐ土間兼台所があって手前と奥に二部屋あるのが一般的である。時代劇でよく見るアノ長屋である。風呂はなく、井戸も共同であった。

明治も終わり近くにもなると、工場の真っ黒い煙が大阪の空を汚していたのだが、都心で長屋生活をしている人もまだまだ多かった。

その層の人たちを宝塚線沿線に持ってくることを一三は狙っていた。


一三は、明治四三年（一九一〇年）三月の宝塚線・箕面線の開通を見越して、その二年前に「最も有望なる電車」という宣伝パンフレットを発行し、大阪市内に配布した。

日本最初のＰＲ冊子である。建設予算、収支計画、工事計画、住宅開発などが詳しく説明されていた。小説家志望の面目躍如である。その後、「住宅地案内」を刊行した。

「いかなる土地を選ぶべきか、いかなる家屋に住むべきか」を問い、

「他より少しだけ高級、少しだけ贅沢」

「借金より安い月賦で買える立派な邸宅」

「排煙の漂う不衛生な都心を出て、爽やかな郊外生活をしよう」

「この沿道は飲料水の清澄なること、冬は五月山を北にして暖かく、夏は大阪湾を見下ろして吹き来る汐風の涼しく、春は花、秋は紅葉と申し分のないことは論より証拠でご覧になるのが一番早わかりがいたします」

というキャッチフレーズで庶民願望を射抜いた。

一三は、大衆ビジネスでのメディア媒体の力を先見していた。

ところで、宣伝パンフレット「最も有望なる電車」には、東京の「甲武鉄道」にヒントがあった。

「甲武鉄道」とは、のちの中央線と中央本線であり、甲州・甲府と武蔵国・新宿を結ぶことからこの名前が付けられた。

明治二二年（一八八九年）に新宿・八王子間が開通、明治三六年（一九〇三年）に八王子から甲府まで伸びた。

「甲武鉄道」は、集客を増やすべくある戦略を考えた。

路線をパノラマ鳥瞰図とした春の「蒸気車往復繁栄の図」の錦絵（明治の浮世絵、木版画）を作成して、広く配布した。

その錦絵には、機関車が客車を牽引し、新宿から八王子に向かっているデザインで、「玉川」、「高尾山」とともに「小金井の桜」が中央に大きくピンク色で描かれている。

現代流で言うと、宣伝ポスターである。それをあちこちに張り出した。

「境駅より北五、六町のところに小金井桜があります。玉川上水堀の両側にあって、東は境村に始まり、西は小川村まで。この二里あまり、両岸すべて桜であります。桜は数千株にも及び、爛漫の季節には両岸の桜花は、流水を挟んで一目千里と極まりなく、まるで雲になっているようですばらしい」

との文言がポスターに表示されている。

宣伝ポスターのおかげでキャンペーンは大成功を収め、臨時列車を走らせることでさらに収益を上げることができた。

以降、花見ができる四月の売り上げは他の月の倍ほどになった。

甲武鉄道は、工事着工からわずか一〇か月で新宿・八王子間を開通させた。明治二二年四月二一日に開業予定であったが、工事を急ぎ一〇日も完成を繰り上げた。

理由は、この通り「桜」である。「小金井桜」は江戸末期には一万本を誇る江戸随一の桜の名所であり、明治の世でも「小金井桜」を知らぬ人はいなかったという。

小金井の桜の開花に合わせて工事を早めたのだから、何としても列車を満員にしたかった。だから錦絵にして宣伝した。花見は甲武鉄道にとって有望な集客イベントであった。

甲武鉄道敷設にあたっては、雨宮敬次郎や安田善次郎らが設立に尽力した。ちなみに、この私営鉄道も阪鶴鉄道と同時期に同じ目的で国営化されている。

一三は、いろいろなイベントを沿線で企画するが、甲武鉄道の例も大いに参考とした。新聞や本をしっかり読んでいる勉強家としての当然の報いであった。

ただ違ったのは、八王子に向かって新宿を出発する甲武鉄道は噴煙を吐きながらの「汽車」であったが、宝塚に向かって梅田を出発するのは電気で動く「電車」であった。

箕面有馬電気軌道も後述するように最速の工事を以って開業に向け、予定を一か月も早めての開業となった。

工期の短縮は、鉄道という現金商売にとっては、大きな価値があった。

先に述べた通り、一三は、電鉄沿線に住宅地を開発することによって電鉄利用客の増大を図ったが、池田の室町《むろまち》などの住宅販売についても参考としたモデルがある。

一三が描いていた理想の大衆のライフスタイルとは、次の通りである。

・郊外に住める
・ゆとりがある
・庭がある

・日当りがいい
・工場などの煤煙のない
・西洋風の家

そして、役人、銀行員、会社員などにこういう郊外型住宅を提供しようとした。それらを増やすことが日本の成長に貢献するとも思っていた。

住宅地開発も単なる思い付きではなくここにもちゃんとお手本があり、一三はしっかりと勉強していた。

一八世紀末に産業革命が進んでいたイギリスでは、雇用の場である都市に人口が集中しすぎて、問題となっていた。労働者は、自然とはほど遠い劣悪な環境や高い家賃に苦しんでいた。

これに対し、英国人エベネザー・ハワードは、都市の機能と経済性と郊外の優れた生活環境を組み合わせ、第三の生活空間を生み出そうとした。これが田園都市（Garden City）と呼ばれ、実際に一九〇三年にロンドン郊外のレッチワースに初の田園都市を作り成功させた。

そのポイントは次の通りである。

・自然美があり、社交的な機会がある
・自然や公園に近い
・高所得であるが低い家賃で住める
・物価が安い
・澄んだ空気と水とよく整備された下水がある
・煤煙やスラムがない
・自由

関西では、一三の池田や桜井の開発のほかに、甲子園や藤井寺、千里丘などの都市開発が行われた。

のちに東京では、渋沢栄一らが大正七年（一九一八年）に田園都市株式会社を設立し、一三の助言も得て、住みやすい田園都市として田園調布を開発した。レッチワースの田園都市のことは、一三は書物から学んでいて、日本でそれが展開できないか電鉄事業を開始することになって考えていた。

17　池田の芸術文化を愛した一三

一三は池田に移り住んで、地元との付き合いを大切にして芸術にも興味を示したが、ここで特筆すべき出会いがあった。呉春《ごしゅん》という画家である。

「呉春」は、一三も好んだ池田の日本酒の銘柄であるが、もともとは人名である。

のちに呉春と改名した松村月渓《まつむらげっけい》は宝暦二年（一七五二年）生まれ、江戸中期の人である。この頃、飢饉や改革が続くが、強力な幕藩体制は揺るがず、政治的には変化の乏しい時代である。逆に文化面では成長期であった。

もともと松村月渓はその師匠の与謝蕪村《よさぶそん》とともに京都に住んでいた。

父と妻を病気で亡くして落ち込んでいた松村月渓に、旅に出ることを蕪村が勧めた。

松村は、蕪村のつてを辿って、酒蔵などを営む豪商が多い池田に天明元年（一七八一年）にやってきた。池田の旦那衆は、松村を温かく迎え入れ、絵を描くことを度々依頼した。

松村が一番世話になったのは蕪村の元弟子で豪商の川田田福《かわたでんぷく》であった。川田田福は、川田の仲間五人と金を出し合い、松村の絵を定期的に買い上げることで松村の生活を支えた。月に一度、松村が描いてくる五作品を、くじ引きの順番に買った。

川田田福のものと思われる碑　高法寺

川田田福の碑と思われるものは、今も五月山の麓の高法寺《こうほうじ》にある。

松村月渓は、呉服《くれは》の春の美しさに感銘し、呉春と名乗った。

当初は池田に長逗留するつもりはなかったが、だんだん居心地のいい場所となり、一〇年にもなった。のちに京都に出て円山応挙《まるやまおうきょ》の知人となり、絵師として成功した。

呉春の師、与謝蕪村は、享保元年（一七一六年）摂津国生まれ。絵と俳句に優れる。

「春の海　ひねもすのたり　のたりかな」がいい。春の海のまったりした雰囲気が伝わってくる。

蕪村は、宿代を支払う代わりに描いた絵を置いてきて旅ができたという。松尾芭蕉、小林一茶とともに江戸俳諧の中興の祖と呼ばれ、俳画の創始者でもある。

蕪村の俳句は、写実的でわかりやすい。

「菜の花や　月は東に　日は西に」も有名であり、前出の甲州財閥根津嘉一郎が幼い頃から口ずさんだ句である。

一三は、絵画や俳句にも造詣が深く、池田に関連した画家や俳人に興味を持った。またそれらの多くの作品をコレクションした。

一三の地元との付き合いにこんな話がある。

江戸時代から続く多くの豪商の中に、稲束家《いなづか》があった。

稲束家は、一三の家から徒歩六〜七分のところにある。甲字屋の屋号で造り酒屋を営み、田畑山林持ちであり、金融業もしていて明治時代も大いに栄えていた。

また、稲束家には画家や俳人や有名人がよく出入りして、書画持ちとしても有名であった。地元の旦那衆がよく集まる倶楽部的な空間でもあった。稲束家は、蕪村や呉春と一三を繋いだご縁に一役買い、一三の晩年には「蕪村会」という蕪村の勉強会を一緒に始めることとなる。一三は、

「箕電《みのでん》のこばやっさん」とそこでは呼ばれていた。

何ごとにも人一倍好奇心を持つ一三であった。

「蕪村会」のある日、稲束家の前をチンドン屋が通った。

「チキチキドンドン」の音を聞くや、一三は稲束家をさっと飛び出すと、玄関先で食い入るようにチンドン屋を見つめ始めた。チンドン屋は明治時代からある。ご存知の通り、客寄せや呼び込みをするために街を練り歩く広告楽隊とでも言える。

この日の編成は三名。

一人が「チンドン太鼓」を身体の前へ掛け左右両手で叩く。「チキチキ」と高い音程を出すカネと「コンコン」という小型の太鼓と、「トントン」という中型の太鼓が上から下へ木枠にはめ込んである。

もう一人が「大太鼓」を担当していて、「ドンドン」という大太鼓を腰の前に斜めに吊り下げている。

つまり、二人がリズムを作っている。

「チンドン太鼓」が「チキチンチキチン、コンコンコンコン、トントントントン」と小刻みのリズムを奏で、「大太鼓」が「ドンドンドンドン」と大刻みなリズムで低音を出し、打楽器の音色を分ける。

そしてメロディを演奏するクラリネットが、リズミカルに流行りの音楽を奏でる。時代劇のカツラをかぶり、和服を着て、背中には広告となる布看板を背負っている。

一三はギョロリと目を開き、何かにとりつかれたようにチンドン屋に釘付けになっている。

そもそも広告、宣伝、キャッチフレーズ、音楽、踊り、時代劇も含めた演劇などに広く興味を持っている人物なので、チンドン屋を見る目が違う。ポスターや看板には動きがないので視覚にしか訴えないが、チンドン屋は動きがあって聴覚にも訴える。

現代人が聞くと耳を疑うであろうが、当時の全国規模のビール会社、化粧品会社、食品会社などが、各地でイベントを行うときに競ってチンドン屋を起用した。

テレビやネットがない時代である。労働集約型ではあるが、大変インパクトがあり、温かみがあって、子供達も喜ぶ。一三はチンドン屋を高い価値のある広告媒体と認識していた。

そんなことを内心納得しながら、一三は飽きずにジロジロ見ていた。それればかりか、一三は子どものようにチンドン屋に付いて行って、しばらく稲束家に戻ってこなかった。

稲束家にやってきている人たちは、そんな一三を見て、

「箕電《みのでん》のこばやっさんは、やっぱりちょっと変わってはる」と思った。

18　大林組の大林芳五郎による工期短縮

欧米では明治三三年（一九〇〇年）ごろから電気で動かす電鉄事業が商業化され、蒸気機関車の牙城を崩し始めていた。

当時三井銀行に勤めていた一三は、持ち前の勉強力で、海外のニュースも仕入れていた。日本では京都で路面電車として電気で動く乗り物がスタートしていたが、路面電車はスピードも遅く、本格的な電車事業には阪神電車が参入した。

一三は、電車の優位性には自信があったが、別の理由で自分の事業の課題も理解していた。

一三の手中にある宝塚線や箕面線の計画は、都市と都市を結ぶ理想的路線ではなく、都会と田舎をつなぐ、いわば軟弱路線である。

東京〜横浜、京都〜大阪、大阪〜神戸などは、都市と都市を結ぶものであり、ニーズが極めて高いが、都市と田舎では事情がまったく違う。

事実、田んぼの中を行くので「ミミズ電車」と揶揄されたこともある。

そこで、乗客を増やすために、終点に動物園や遊園地や劇場を作り、沿線近郊の住宅開発をし、沿線に大学などを誘致し、ターミナルに百貨店や食堂を作った。ありとあらゆる大衆ビジネスを鉄道事業に連動させ連結経営を行った。これらの詳細については、のちに譲る。

さらに地元の反対がある。

箕面有馬電気軌道という名前のごとく、宝塚を終点とするのではなく、その先の有馬まで伸ばす予定であった。有馬温泉で有名な、有馬である。

しかし、トンネル工事の困難などの物理的理由もあったが、基本は、有馬温泉が、電車が来るのを反対した。電車が来て便利になれば、宿泊するのではなく、日帰り客が増えるだろうからという理由であった。実に勿体無い話である。

このような困難を乗り越えて、事業を前に進めてきた。


一三が尊敬する北浜銀行の岩下清周の出資協力と三井物産飯田義一の工事資材のファイナンスで箕面有馬電気軌道は「ゴー」とはなったものの、一三はできるだけ早く事業を開始したかった。

当時、京阪電車、神戸市電、南海などの私鉄が、機関車から電車への電化を争ったが、阪急は阪神電車に次いで早い電化であった。

一三は、工期短縮のための施策を持っていた。

大型工事などは、予期せぬことがいくらでも出てくる。そのたびに仕事を止めて、工事業者が施主にお伺いを立てていたら、工期が延びるばかりである。

「工事は無条件に大林組に一任する。何か文句があったら後で話し合う。まず仕事が第一。予期せぬ事象が起きたら、そのたびに工事を止めて追加工事費用を取り決めるのではなく、予算は作るが、それにはこだわらない。仕事が先だ、後で精算する」

信用できる人間に、思い切って全てを任せる一三のリーダーシップは、見習いたいものである。

その信頼できる人間が、大林組の大林芳五郎《おおばやしよしごろう》である。大林芳五郎もまた北浜銀行の岩下を尊敬する若者であり、岩下も大林をかわいがっていた。

大林は、創業当時から「施工入念」「責任遂行」「誠実勤勉」「期限確守」「安価提供」を社是とした。後の世でいう理念経営であり、大林はこれを社内外に常々発信した。

社長や社員は、理念を一時たりとも忘れず「かくあるべき」と襟を正して働き、顧客にはそんな「理念」を大切にする会社として理解してもらう。

職を探しているものには「我が社が求める人材はかくあるべき」と示すことができる。

顧客から得られる信用は、何よりも大切であり、さらに現場を支える労働者を思う大林が、共感し、相励み、努力して奮闘したからこそ「期限内の竣工」「優良なる品質の工事」を成しえた。

それらを聞いた大勢の労働者が、大林の仕事となればと、先を競って馳せ参じる基盤を作った。

「損して得取れ」である。

また、支払い賃金や購買に対する次の信念も明快であった。

「わずかの賃金を惜しむのは愚の骨頂だ。仕事が粗雑で能率が上がらず結局高いものについてしまう。材料代も同じで、下手に値切るのではなく、支払いを確実迅速にすれば、安くていいものが早く手に入る」

当時の建設業といえば、荒くれ者も多い日雇い肉体労働者をいかにうまく取りまとめるかで、その価値が問われた。大林は、そういう労働者のリーダーであった。

大林は、仕事に徹底した厳しさを持ち続けた。

同時に大林は、この仕事の合間に、ヒバリのさえずりを聞き、花を愛で、路線の周りの大自然を賞した。

仕事には高い志と燃える情熱を持っているが、他方、自然や動物を愛した。花を見るちょっとした仕草や動物を目で追いかける姿を見れば、大林が心優しいことが周りのものに伝わる。

人々は人間力溢れる大林を愛した。一三も大林を大いに買っていた。

大林芳五郎は、現代流でいう理念経営を行い、高い人間力と信用力を持っていた。

当時四七歳の大林は、明治四二年（一九〇九年）三月に箕面有馬電気軌道の工事を請け負うと同時に、自ら最前線に立ち工期短縮に尽力した。

梅田〜宝塚間、石橋〜箕面間の路線敷設、三国発電所・池田変電所建設、箕面山遊覧道路の開発などの大工事であったが、翌明治四三年（一九一〇年）三月までのわずか一年で完成させた。

開業すれば即刻現金収入となるので、一三にとって非常に嬉しいことであった。

甲武鉄道が新宿〜八王子間の工事を早めて、小金井の桜で集客できたこともしっかり一三は知っていた。結果、予定より二一日早い開業ができ、春の桜に間に合った。

大林は五三歳という若さで亡くなった。

一三は彼をこう追悼している。

「何事も屈託がなくいつも春のような明朗さで、しかも極めて無邪気な性格は恨もうとしても恨めない長所であって、上に立つ人には可愛がられ、同僚からは親しまれるだけではなく敬畏もされ、女性や子供にも慕われるという風であって、人生前半における辛酸苦闘が試練となってこうした風靡が生まれたと思うが、このぐらい人間のよくできていた人は珍しい。だから、岩下清周のような大御所からも愛された」

19　一三のビジネスのスピード感

一三は、新聞や書籍をよく読み、また先人からの学びを仕事に活かしてきたが、同時に徹底した現場主義者であった。経営者であったにもかかわらず、一三は駅員の制服を着てよく駅務についたり電車に乗車したりしていた。

その制服とはいわゆる詰襟服であり、上下揃いの黒色で、襟に五つのボタンがある。帽子は詰襟に似合う警察官の帽子に似ている。いまでこそ学生や電鉄会社の制服も襟が開いた背広型にデザインが変わったが、当時の主流は詰襟であった。ちなみに、詰襟服は日本海軍の制服を踏襲したと言われている。

一三が電車に乗るとき、自分のいる定位置があった。

運転席のすぐ後ろに立って、運転手の肩越しに前方をよく見ていた。そして、電車が停車すると手動のドアを自ら開けた。乗り降りする子どもや老人にもよく手を貸していた。

ある時、一三の家の近所に住んでいた朝日新聞記者が、車内に座っていた。だんだん電車が混んできたので一三はつかつかと記者の前に行って、

「君、立ってくれたまえ」とニッコリ微笑んだ。

「エッ?」

「混んできたので、立ってください。だって、君はただで乗っているのだから」

当時の新聞記者は、阪急からフリーパスをもらっていたのだった。

一三の言い方はいつもストレートであったが、言われた本人にとってはさっぱりとして後を引かないモノ言いであり、論理明快であった。

「はい!」と笑顔で新聞記者は立ち上がった。

一三はぶらりと駅に出ては、いろいろ感じてくる。プラットフォームに立てば、人の流れを見て今日の電鉄の売上はいくらぐらいかと想像がつく。

「改善できるところはないか」

「工夫が出来ないか」

と現場を見ながらいつも考えているので、いろんなことに気がつく。

脳に汗をかいて常にいいアイデアを絞り出そうとする。

お客様目線でものを考える、目先だけではなく先を読もうと考える。

それを毎日のように現場で考えていた現場主義のリーダーであった。

知識習得にも熱心であったが、現場を大切にし、社員にもそれを求めた。

経営者としての一三のすごさの一つは、そのスピード感である。

設備投資が少ない事業者がスピード経営をモットーにする場合は多いが、鉄道業というインフラ事業でこれだけ早い意思決定と行動がなされているのは驚きというほかない。

以下の主な業績であるが、何年になされたかに注目願いたい。

明治四〇年　三井銀行退職、阪鶴鉄道監査役・専務就任、池田に移住
明治四一年　阪急沿線紹介パンフレット「最も有望なる電車」発行
明治四二年三月　宝塚線・箕面線工事発注、室町の住宅開発用地二七、〇〇〇坪買収
明治四三年三月　宝塚線・箕面線開業、箕面動物園開園、社債発行
明治四四年　宝塚新温泉開業、（箕面市）桜井住宅地販売開始
大正二年　宝塚新温泉で「婦人博覧会」、豊中運動場完成
大正三年　宝塚少女歌劇第一回公演
大正四、五年　「大阪朝日新聞主催全国中等学校優勝野球大会」開催

大正五年　　　箕面動物園閉園
大正七年　　　宝塚少女歌劇東京初公演
大正九年　　　神戸線と伊丹支線開通、梅田阪急ビルディング竣工、
　　　　　　　二階に食堂開設「カレーライス」発売
大正一〇年　　東京田園都市株式会社重役会出席
大正一二年　　（西宮市）甲東園住宅地販売開始
大正一三年　　四、〇〇〇人収容の宝塚大劇場竣工、東京横浜鉄道監査役就任
大正一四年　　宝塚ホテル設立、梅田駅に日本初のデパート開業

特記すべきは、明治四〇年に阪鶴鉄道の監査役となり、阪急宝塚線・箕面線の事業化を決定し、そのたった三年後の明治四三年三月一〇日に宝塚線・箕面線を開業していることである。路線の基本案の許可は受けていたが、物理的には何もなかった。盛り土、まくら木、レール、駅、鉄橋、電力供給システムの何もない。

ハード面だけではなく、運転手や車掌や駅員などの従業員の訓練や、切符・定期券販売、現金回収などの売上管理などの仕組みを作らなければならなかった。

さらに驚くことに、同年一一月一日に箕面動物園を開業している。動物園一つをとってみても、やらなければならないことが山ほどある。箕面動物園は、日本で、上野、京都に次ぐ三番目の動物園であった。限られた人数で、鉄道敷設と動物園開園を同時並行的に進める行動力とスピード感もすごいが、それをやろうという志の高さが半端ではない。

しかも驚くことに、その志が社内に行き渡っていた。

昭和になってからのある日、小林一三や当時の幹部の佐藤博夫《さとうひろお》（のちの阪急電鉄社長）が一緒に宝塚を歩いていた。

その道すがら、一三が「ここに木を植えたらいい」と言った。

彼らが仕事を済ませてその場所に戻ってきた時には、すでにそこに木が植えられていた。一三の命令を佐藤が瞬時に現場に伝えて、即刻実行されたのであった。

のちに別の社長が幹部と道を歩きながら、同じような場面で

「ここに木を植えたらいい」

と一三が言った同じセリフで指示を出したが、実際に木が植えられたのはそれから二週間後であった。

その社長は、一三の頃の話を聞いていたので、

「俺など、やはりたいしたことがない。小林翁の頃はみんなピリピリして緊張感が半端ではなかった」と苦笑いした。

それほど、一三のスピード感はすごい。

社内風土としてスピード感が浸透していた。

社内風土は勝手に出来上がるものではなく、そのような風土を一三自身が社員を引っ張って作ったものであった。

20　一三が尊敬し、深く研究した安田善次郎

小林一三が尊敬していた人物の中に安田善次郎《やすだぜんじろう》がいる。乾物と両替を扱う「安田屋」から、安田銀行を設立し、損保、生保、東京建物などを設立し、「銀行王」と呼ばれた人物である。

一三は、ビジネスの成功者である安田善次郎の活躍を新聞で読み、実際に会って話を聞いて気骨ある人物であると感じ、その成功を深く研究した。その大先輩に一目も二目も置いていた。

安田善次郎は、天保九年（一八三八年）、富山生まれ。福沢諭吉の四歳年下であり、明治維新の約三〇年前に生まれた。安田家は前田家の藩士で、小禄でなんとか一家が食べることができたが、自ら田んぼを耕し、家風は極めて厳格であった。

安田善次郎は、八歳頃から一三歳まで、地元の「木屋塾」という儒学系の塾に学んだ。非常に秀才であった。

善次郎の父、安田善悦は、富山人の気性とも言える「律儀一方」な人間であり、厳しく善次郎を育てた。自らを律することや勤倹を旨とした。

特に「陰徳《いんとく》を積む」ということを厳しく教えた。

「陰徳を積む」とは、「人に褒められたいから善行をするのではなく、他人に知られることなく黙々と世の中のために尽くすこと」を言う。「人知れず善行を行うことによって自分を磨く」という考え方である。

ある着飾ったお金持ちがお連れとともに施設を見舞い、寄付をしたという話を善次郎が聞いた時、これは違うと、残念に思った。名前を出さずに善行をすることこそが徳を積むことであるのに、自分が豊かであると示すことなどおぞましい。

「慈善は陰徳を持って本とすべし、慈善を持って名誉を求むべからず」

自らの名前や名誉を売るのはいけないと幼い時から父から厳しく教えられていた。

江戸に出た安田善次郎は、玩具屋で卸しの仕事を三年し、その後、海苔屋兼両替屋に三年奉公して、商売を学んだ。

善次郎は丁稚奉公をしている時も他の奉公人とは違う心構えを持っていた。

善次郎は、秀吉が草履を懐に入れて温めたと同じ気持ちで、心を込めて奉公した。

人の出入りが多い店の土間には、いつも履物が乱雑に散らかっていた。忙しい奉公人たちは、誰かに言われるまで履物を直そうとはしなかったが、善次郎は、誰に指示されなくても履物を揃えた。自分が外出する時も、外出から帰ってきた時も、時間をかけずにさっさと他の奉公人や番頭の履物も揃えている。

ゴミが落ちていたら、さっと拾う。自分の店の土間でも、店の前でも。さらにはお使いに行く道で紙くずも拾う。誰が見ていようといまいと、関係ない。

このように真心を込めて働いたので、両方の主人に認められ、給金も高くなった。

両替商時代、他の丁稚と違って、読み書き算盤が十分にできるので、まもなく手代に昇格した。

三年間の奉公の中で次の三点を学んだ。

第一に、両替という金融業務を身につけた。

当時は金銀銭の貨幣の兌換は、品質の差もあり、極めて複雑であったが、それをしっかり身につけた。貨幣価値や価格変動の対応を学んだ。

第二に、人の使い方がいかに難しいかを学んだ。

経営者は、有能な人を離したくないが、逆に有能な人は、自分が活躍できないところで奉公していたら一生うだつが上がらないから、よほど待遇が良くないと辞めたいと考える。

有能ではない人は、仕事の慣れた同じところにいたがるが、有能な人ほど辞めて新しいことに挑戦する。

経営者は、当然有能な人を長く置き、そうではない人に辞めて欲しいと思っているが、実際はその反対になることが多い。

安田善次郎は、有能な人にいかに店にいてもらうかが、ビジネスの要諦であると痛切に感じていた。経営者とできる従業員を見て、しみじみ人の使い方を学んだ。

安田善次郎がのちに自分の店「安田屋」を成長させてゆく過程で、有能な人には大胆に高給で報いた。帳簿を調べてみると、有能な人、誠実に働いた人には、辞めないように惜しみなく給料を弾んでいる。

ちなみに、日本で終身雇用制度が本格的になったのは、第二次世界大戦後であり、善次郎の時代は勤め上げるより、仕事を変える人間が多かった。現代の就職事情に似ている。よって、有能な人生確保のために高給を支払い、今でいう人材リテンションを重要視していた。第三に、帳簿をきっちりつけることを勉強し習得した。簿記会計の知識がないとビジネスは成功しない。どんなに才覚や知恵があっても、簿記会計や決算ができないとダメである。のちに自分の店を出してからの帳簿も、実に綿密に決算をしている。

ところが、安田善次郎が奉公した肝心の両替屋の経営がうまく行かず、善次郎は辞めざるを得なかった。その途中、善次郎は投機に手を出すが、大失敗をした。

その後、善次郎は奉公時代に貯めた二五両を元手に日本橋人形町通り乗物町に、間口二間、奥行五間の店を借りた。そして、海苔、鰹節、両替屋の「安田屋」を始めた。

ご近所がまだ誰も起きていない四時に起床して、向こう三軒両隣の店先を掃いて、水まきをした。「開店祝いの景品を差し上げる代わりに、元値同様であげますから、どうぞお知り合いに紹介してください」

新規の客にも頭を下げて頼んだ。また沢山ある品物の中から一番良い商品を選んでお客様に渡すようにしたので、大勢の客が訪れた。

分度《ぶんど》を守り、立場が上の人を敬って、下の人をあわれみ、神仏につかえることをおろそかにしないで、法令遵守して仕事に励めば、末代までも繁栄する。そう善次郎は考えていた。

分度とは、度をわきまえるということである。

焚き木を背負って読書をする銅像で有名な二宮尊徳《にのみやそんとく》も「分度をわきまえる」という言葉を使っている。二宮尊徳は、荒れ果てた農村を立て直す仕事に従事したが、農民に農業技術を教える前に、まず働く意味や生き方に気づきを与えるべく道徳を教えた。

「堅志力行《けんしりょっこう》」は、断固たる決意を持って行動することを意味し、事業を成す要諦として、善次郎が最も大切にした言葉である。

一旦これと志を決めた以上は、どんな困難や障害に出くわしても、決してその志を翻すことなく、不屈の精神で勇気を持って邁進することが、古今東西、大事業を成就し、名を残している人物の共通点であると善次郎は信じていた。

ことを行う人たちには、欠点や短所も弱点もあるだろうが、自分の目的に対する執着心が高ければ、非凡の力となる。

外野からなんと非難を受けようと少しも恐れることなく、艱難辛苦にあっても怯まずに、不幸悲運に出くわしても失望しないで、ただ一心に目的に固執して実行すれば、その志を達成することができる。

天才、学識、技術、勤勉、誠実、愛敬、幸運などは業を成す要素ではあるが、これらがあってもことを成し遂げるという強靭な意志と行動力がないと事を成すことは難しい。

現実には、希望を持って成功の幸運を求めて出発する人が、空しく失敗することがよくある。学問がなかったとか、技能に欠いたとか、資金が欠乏したなどが失敗の一因であったとしても、多くの場合、根本は堅忍不抜《けんにんふばつ》の意志力の欠如によるとした。

善次郎は、自分の目的以外のものには、どんな事柄に対しても「馬耳東風」であれとし、全身全霊をあげてその志すところに集中することを大切とした。

「一業を営む者は七人の家族を養えるが、七業を兼ねるのは自分一人の生計を立てることもままならない」

いろんなことに手を出すより、一つの大切なことに集中せよとも言った。

「堅志力行」の人となれるか、その逆の薄志弱行の人に甘んじるかは、人の性質にもよるが、家庭での父母の教えが大きく、幼い頃の自分の心掛けによるとし、善次郎は、こう語っている。

「私には学問も、才能も、技能もないが、克己堅忍《こっきけんにん》の意志力を修養したことに関しては、決して他人に負けない自負がある。

富山の田舎から東京に飛び出して、小僧として奉公し、商人として身を立てた人生を、一言で表せば克己堅忍《こっきけんにん》の意志力を修養するための努力に他ならない」

これができた理由は、幼い時から厳格な家庭に育てられ、極めて厳しい父の元で鍛錬させられた賜物である、という。

善次郎は己に克つこと、自分に何かを課してそれをきっちり守ることを誓うことを大切にした。

「運命の分かれ道は、意思が堅固であるかどうかであり、志を終始貫けたかどうかにかかっている。自分は商売を起したり、責任者になったり、いろんな人と出会う機会に恵まれるが、多くの人が失敗するのは、大方成功を急ぎすぎることであり、一攫千金を夢見てしまうからだ」

周りから聞こえてくる濡れ手に粟をつかむような話につられて、破滅することも多い。善次郎は、自身の失敗経験やたくさんの他人の実例を聞いてこう思っていた。

上記のように、善次郎の仕事に対する考え方は、志を高く持ち行動することと一歩一歩着実に前進することであった。

小林一三が晩年よく後輩などに語った「金がないから事業ができないという人は、金が出来ても事業ができない」という言葉は、安田善次郎の考えに大きく影響を受けている。
金ではなく、やり遂げるという高い志と行動力が必要ということである。

21 安田善次郎の志と行動力

安田善次郎は、銀行業を成功させ、当時の産業を支えた社会インフラである鉄道や築港にも協力している。明治一九年の日本鉄道会社（現在のJR東北本線や常磐線）を皮切りに、両毛鉄道（JR両毛線）、水戸鉄道（JR水戸線）、青梅鉄道（JR青梅線）など二〇社以上に出資した。

ある時、善次郎が大阪に出張した際、宿泊先に阪神電車の役員たちが訪ねてきた。
大阪—神戸間を走る阪神電車が開通したのは明治三八年（一九〇五年）、当時のその路線の競合は、国鉄の汽車だけであった。阪急神戸線はまだできておらず、二社間の競争であった。
梅田—神戸間を結ぶ阪神電車はすでに電化を済ませていた。阪神電鉄の役員たちは、資金支援を得られないと事業が継続できないと、平身低頭で善次郎に融資をお願いした。

役員に対して、善次郎はこういった。

「煙を出して走る国鉄の汽車敷設には地元から反対があって街中から離れたところを走らざるを得なかったんですよね。なぜ電鉄が勝てないのですか」

善次郎からすると阪神の役員が言う資金難に疑問を持たざるを得なかった。続けてこういった。

「そもそも民間の経営が、国公営に比べて効率がよいのは、どの事業も同じではないのですか。なぜ効率経営ができていないのですか」

曖昧な答えしかできない重役たちに、もう一つ本質を突いた質問をした。

「そもそも、大阪と神戸という大都市を結ぶ路線であり、かつ西国街道沿いの市街地を走る電車なら乗客も多く、うまくいって当たり前ではないですか」

こういったのは、一三の箕面有馬電気軌道の話を別のところから聞いていたからであった。都市と都市を結ぶ電鉄ではなく、大阪という都市から宝塚や箕面という田舎に向けて電鉄を作ろうと実際に岩下清周と小林一三が計画を立ち上げている。こんな電鉄が成立しつつあるのに、なぜ大阪・神戸間のドル箱路線の経営が行き詰まるのかというのが善次郎の疑問であった。

結局は、善次郎は阪神に条件付きで資金提供をするのだが、阪神の役員たちは事業経営に対する善次郎の要点を突いた指摘に返す言葉がなかった。

安田善次郎は渋沢栄一と非常に親しかった。

渋沢栄一は天保一一年（一八四〇年）生まれ、安田善次郎は天保九年（一八三八年）生まれで、歳が二つしか違わない。

両人とも、士族出身とはいえ実際は商人で、渋沢栄一は繭玉《まゆだま》を売り、善次郎は魚介の行商をしていた。また、幕末どちらも江戸に出た。

明治一八年（一八八五年）に渋沢栄一が今の東京ガスを設立した時も、安田善次郎に資金面の相談をした。その他、日本鉄道、東京海上、帝国ホテル、帝国劇場、東京電燈なども、渋沢栄一が提唱し、安田善次郎が出資や融資に参加した。

安田善次郎は、前述の通り若い頃から儒学も含めいろんな勉強をしてきたが、思想の原点に仏教があった。

繰り返しであるが「善意のことをするのには、できるだけ世に知られない方が良い」という「陰徳」を信じており、一生それを貫き通した。

ましてや、人に知らせるために善を積むのでは意味がないとした。晩年、多額の寄付行為を度々するが、すべて匿名として行おうとした。東京大学に寄付した講堂についても安田側は匿名を希望したが、善次郎死亡のあと講堂が建設されたことや大学側の強い希望があり、例外的に「安田講堂」と世に名前を出すことになった。

渋沢栄一は、その著書『論語と算盤』が示すごとく、儒教思想をビジネスに打ち出した。儲けるだけがビジネスの目的ではなく、孔子の教えも理解実践するよう説いた。

インフラ事業に多数協力した安田善次郎だが、大規模な都市開発として、東京湾の埋め立てがあった。特に浅野セメントで有名な浅野財閥、浅野総一郎《あさのそういちろう》の京浜工業地帯の埋め立て工事には多額の融資を安田善次郎が行った。

ちなみに、現在扇島《おおぎしま》と呼ばれる埋立地は、京浜運河浚渫《しゅんせつ》で出てくる土砂を用いて埋め立てられ、昭和の時代に製鉄所や石油タンクが立ち並ぶ京浜工業地帯の中心となった。現在の川崎市と横浜市にまたがる。

埋め立ての際に作られた鶴見駅から扇島駅へつながる鶴見線に「安善《あんぜん》」という駅がある。安田善次郎の意味である。その隣の駅の浅野は、浅野総一郎から来ている。人名のついた珍しい駅である。

インフラ事業への取り組みには、東京市街地電車という会社のために雨宮敬次郎が融資した頃から次の方針を採った。

まず、公共事業には資本金として投資するのではなく、お金を貸すという融資を優先させた。自分は出資者にはならず、融資を行う。発起人にも役員にもならない。

そして、事業を推進する上での責任者の志と行動力を見極めた上で、それを「全身全霊でやるかどうか」と本人に直接聞いて確認した。

最後は、出資者が株式払い込みをする金額（資本金）の八〇％を融資する。

また、公共事業には社会への還元ができる仕組みを求めた。

例えば、東京市街地電車の料金を全線一律五銭にするという約束を経営者や資本家から取り付けていた。

これには善次郎のこんな信条があった。

公共の開発案件は、時間も資本もかかりしばらくの間は利益が出てこない。そこまでは苦労をするので、お金の面倒は自分が見る。

しかし、採算分岐点を超えると、独占的なインフラ事業には多くの利益が見込めるようになる。その時に出資者に優先的に配当をせず、広く一般の利用者が支払う運賃などを安くして、利用者に還元せよという意味である。

つまり、一握りの投資家が公共事業の利益を配当という形で吸い上げるのではなく、配当を抑えて利用者に還元すべきだと善次郎は言った。

鉄道などに融資するときは、上記のように地域一律定額料金を条件に融資をした。利益が出るようになってから、更に値上げの要求などがあれば、「とんでもない」と善次郎は心底怒った。

安田善次郎が重視したのは、「誠実」であった。

徹底的に誠実、忠義を重んじた。ちょっとでも約束を違える人間は相手にしなかった。

大きな約束だけでなく、小さな口約束も大切にした。

むしろ小さな口約束の方が大切であるとし、これは現代でも十分通じる教えである。

自分ではちゃんとしていると思っていても、目下の者や部下には空手形を出していないだろうか。

「いつか飲みに行こう」「今度行こう」などと言えば、下のものは期待するし、そう誘って「はい、お願いします」と受諾されたら、約束の成立である。

紙に書かれた契約は守って当たり前。

口約束ほどしっかり守らなければいけない。

善次郎は、信用が一番であり、誠実一路の人を評価した。これは現代にも大いに通じる。

話を安田善次郎の晩年に戻す。

大正時代になると大正モダニズムという繁栄した文化を迎える。

日清・日露の戦争の勝利に沸き、列強と肩を並べるところまできた。列強の餌食とならぬよう危機感と努力と忍耐を持って進んできた幕末から明治初期に比較し、気が緩んでくる。どんな組織でも成功が連続すると、心に油断ができ、慢心が始まり、やがて驕り高ぶりに変化していく。

文化的にも大正時代は、モボ（モダンボーイ）やモガ（モダンガール）と呼ばれる先進的ファッションの若者が現れ、青春を謳歌する。

豊かになるといつの時代も似たような現象が現れるのだが、このような薄っぺらで、忍耐力も想いもない、自己顕示欲だけ一人前の人間が羽を伸ばす。

江戸時代生まれの善次郎の生き方と大正時代のモボたちのそれとはまったく違うものであった。しかし善次郎は時代の変化や自分の長命に自らが驚き、気はいつまでも若く、八〇歳を超えても、浅野総一郎などとともに、日本の将来を常に前向きに語っていた。また大病もせず元気であった。

大正九年（一九二〇年）には普通選挙法が施行され、治安自治法に対する反対運動など、いわゆる大正デモクラシーと呼ばれる社会運動の機運が高まっていた。

この頃、資産家と労働階級の格差が大きくなり、資産家に対する妬みや反感が高まっていた。また、資産家による投機などで米を始めとする物価が高騰し、米騒動などが各地で勃発していた。

大正一〇年(一九二一年)九月二八日、大磯の善次郎宅の別荘に弁護士を名乗る若者がやってきた。ホテル建設の話をしたいと面接を申し入れたが、この人物は他人を名乗っていた。

羽織袴で面会を求めてきた先の「ニセ弁護士」が、刃渡り二〇センチほどの短刀を突きつけて、善次郎を絶命させた。「ニセ弁護士」もその場で自殺した。

陰徳を持って社会に貢献していた善次郎ではあるが、他人の目からすれば、強欲金持ちとしか見えず、それをよしとしない浅はかな男の行為であった。

小林一三は、その前年に阪急神戸線を開通させていたが、偉大な銀行王の訃報を聞いて、人生の無情を感じた。努力を惜しまず、世の中に貢献してきた偉人が、非業の刃に倒れたことに驚くとともに、憤慨した。

大先輩ではあるが、高い志と強い行動力によって偉業を成し遂げた男の死を心から悲しんだ。

第三章　生涯で出会った三人の「松」

22　松下幸之助と松室正次郎の出会い

明治四四年（一九一一年）、大阪に通天閣ができる前年に二つの出会いがあった。

一つ目は、明治二七年（一八九四年）生まれの同い年の松下幸之助と松室正次郎《まつむろしょうじろう》の出会い。

二つ目は、小林一三と松室正次郎との出会いである。

小林一三にとっては、生涯で出会った三人の「松」が印象深い。

同じ慶應義塾出身で自己破産した松永安左エ門、松下幸之助、そして後述する松室正次郎である。


松下幸之助は、明治二七年（一八九四年）一一月二七日、和歌山県海草郡和佐村に生まれた。上に二男五女がいて、末っ子であった。

松下家は、古い家柄であり地主でもあった。父の松下政楠《まさくす》は、大勢の小作人を抱え、村会議員でもあり裕福な暮らしをしていた。ただ、父親は投機好きで、当時和歌山にできたばかりの米穀取引所に通って、米相場に心を奪われた。結果、失敗して、先祖伝来の土地、屋敷などすべてを失い、一家をあげて和歌山市に出て下駄屋を始める。

しかし、少しお金ができると父親は米相場に手を出しては失敗した。店をたたんで、一家の暮らしは悪くなる一方であった。わずか一年あまりで、長兄、次兄、長姉が病死するという不幸にも見舞われた。

幸之助が小学校四年生の時、

「火鉢屋が丁稚を求めているので、幸之助をよこすように」

と大阪に働きに行っていた父親からの手紙を母親が受け取った。

もうすぐ卒業なので、幸之助の母はそれまで待ってほしいと伝えたが、結局、小学校を卒業する前に九歳で大阪に丁稚奉公に出すことにした。

大阪へ旅立つ日、紀ノ川駅まで母が見送りに来た。大阪へ向かう乗客の一人に、こうお願いした。

「大阪駅には迎えが来ておりますが、ここからは子ども一人で参りますので、道中どうぞよろしくお願いいします」

母と別れる寂しさや涙で語る母の優しさとは反対に、初めて汽車に乗る嬉しさや大阪への憧れなどがあり、幸之助はいいようのない複雑な気持ちであった。

その時の母の寂しそうな姿は一生忘れられなかったと、晩年の幸之助は語っている。

小林一三と松下幸之助はともに幼い頃から親と離れて、そのありがたみを生涯感じている。かわいい子たちは旅をしたのである。

さて、松下幸之助が最初に奉公に上がった火鉢店では、仕事は子守をすることと火鉢を磨くことであった。その前から貧乏だったので、奉公生活は辛くはなかったが、夜寝るときには優しい母のことを思い出して布団の中でよく泣いた。

その火鉢屋が転居することになったので、次は船場堺筋の自転車店に奉公することになった。幸之助は、自転車の整備をしながら、商売をだんだん覚えていった。

要点をしっかり説明すれば、お客さんが買う気になるものだと感じた。また、残りの品物が少なくなってきたら、人は買いたがることも知った。お客様には、誠意を持って尽くせば想いは伝わることも学んだ。

六年間よく働きよく学んだ。自転車は人力車よりはるかに便利な乗り物であり、当時は画期的な発明だったため、よく売れた。

ちなみに、日本の自転車の歴史は、明治三年〜五年ごろに始まった。当初は三輪車であったが、その後二輪車になった。初めはアメリカやイギリスからの輸入であったが、大正三年（一九一四年）の第一次世界大戦で輸入が途絶えた頃から国産化が進んだ。

幸之助がこの自転車店に奉公に上がる少し前、前述のように三井銀行の東京箱崎倉庫で、小林一三が自転車に乗る練習をしていた。そんな新しい乗り物であった。

丁稚の幸之助が、ある日使いの帰りに電気で動く路面電車を見たのは衝撃的であった。大阪の市電が運転を開始したのは、明治三六年（一九〇三年）九月。

「これは自転車をはるかに超えるものになるんやないか」

と幸之助は直感した。さらには、

「動力ばかりでなく、赤々と光る照明も、今後一般に広がってくるぞ」とも思った。

「自転車もまだまだ売れるやろう。せやけどこれからは電気の時代や」と電気関係の事業に興味を持った。

新しい時代の到来を信じ、義兄の紹介を得て、一六歳で大阪電燈株式会社（現在の関西電力）に配線見習工として入社した。その年は、偶然にも小林一三が阪急宝塚線・箕面線を開通させた記念すべき年であった。小林一三、時に三七歳。

松下幸之助は、翌明治四四年（一九一一年）、大阪電燈の仕事で当時建設中の通天閣で配線の任務についていた。大阪新世界に建設中のルナパークという大型遊園地の一部に通天閣が建てられており、多くの人が忙しく働いていた。

寒い季節の昼時のうどん屋は、通天閣かルナパークの仕事をする作業員で満杯であった。相席で肩が触れ合う具合の混みようであり、話し声がやかましい。

大阪電燈のジャンパーを着て向かいでうどんをすっている松下幸之助に、うどんを半分口に含んだままで同僚の武藤康男がこう言った。

「松《まっ》ちゃん」

夢中で食べている向かいの松下幸之助には聞こえていない。

「松ちゃん！」

ともう一度呼んだ。

「なんや」と思って松下幸之助が顔を上げたら、松下幸之助の隣に座ってうどんの来るのを待っている小柄な男が

「なんでっか？」と武藤康男に向かって先に返事をした。

返事をした男も仲間から「松《まっ》ちゃん」と呼ばれている。偶然松下幸之助のとなりに座っていたのも「松ちゃん」。

こちらの「松ちゃん」は、松室正次郎《まつむろしょうじろう》という男であった。

武藤康男は松室正次郎にこう返事をした。

「いや、すんません。こいつに話しかけたんですけど、あんたも松ちゃんいいまんの？」

「はい、そうですねん。松室正次郎と言います」

大阪電燈の名前入りのパリッとしたジャンパー姿の武藤康男と松下幸之助を見て、つぎ当てのある仕事着の松室正次郎は遠慮気味に答えた。

「マツムラさん?」

「いいえ、マツムロです」

と武藤康男に答えた。

普段から口数が少ない松下幸之助は、松室正次郎の方を向いて、ようやく口を開いた。

「私、松下幸之助です。通天閣の配線工事をやってますねん」

「私は、ルナパークで看板の仕事をしてます、松室正次郎です」

「私は武藤康男です。こっちの松ちゃんと一緒の仕事です」

と言って松下幸之助を箸の反対側で指した。

うどんをすすり終えた武藤康男が、松室正次郎に聞いた。

「マツムロさん、おいくつですか?」

「はい、一七歳です」

松室正次郎が答えると、横から松下幸之助が入った。

「えっ、同じ年ですねえ。これも何かのご縁ですな。どうぞよろしく」

切れ目で鼻筋の通った松下幸之助が松室正次郎に挨拶をして、席を立った。

正次郎は、大会社の人なのに一介の職人に対しても礼儀正しい人たちだと思い、この二人に好印象を持った。

その後も、このうどん屋で二人の松ちゃんはよく顔を合わせた。相席になったことがまたあった。ある時「マツムロさん、ええ耳してはりまんな」と松下幸之助は松室正次郎の福耳のことを言った。松室正次郎の耳の上半分は普通の大きさだが、耳たぶが長く下に伸び分厚い。弥勒菩薩像のように縦に長くて大きな耳をしていて、まさに福耳である。

「松下さんこそ、いい耳されてますね」

松室正次郎は松下幸之助の耳のことを言った。耳の上部が大きく、また耳が前方に突き出ている。前から見ると、顔の左右にまるいうちわが二枚貼り付けてあるように見える。

松下幸之助は、人の話を謙虚によく聞いたと言われるが、それにふさわしい耳を持っていた。

その後も二人は何度かそのうどん屋で会ったが、お互いに挨拶程度で、話したとしてもいわゆる世間話であった。通天閣とルナパークのそれぞれの仕事が終わると同い年の二人の松ちゃんは別々の道を歩んだ。

のちに松室正次郎には松下幸之助のことを知る機会があるが、松下幸之助は正次郎のことを思い出すことはなかった。

23　小林一三と松室正次郎の出会い

阪急宝塚線と箕面線を明治四三年（一九一〇年）三月に開通させた小林一三は、その翌年末に一人で大阪新世界のルナパークに来ていた。

松下幸之助と松室正次郎がちょっと前に出会ったうどん屋のそばの大きな公園である。

その七年前、明治三六年（一九〇三年）に第五回内国勧業博覧会が大阪天王寺で行われた。内国勧業博覧会という名前であるが、国内外からの最新技術が紹介され、五か月で五三〇万人もの集客があった。

西洋からの新しい技術が導入され、日本国内も産業が盛んになり、あたかも小学生が育ち盛りの青年に成長していくような勢いであった。

世界的にも流行していたが、当時日本は博覧会の一大ブームであった。

ブームが一段落してから、この跡地を陸軍が使用し、その後明治四二年（一九〇九年）に大阪市によって東側五万坪は天王寺公園となり、西側二万八千坪が「新世界」と呼ばれるエンターテイメントエリアになった。

そこに、通天閣とルナパークという大公園が作られた。

明治四五年（一九一二年）初代通天閣が完成した。

のちの太平洋戦争で火災にあって消失したが、初代通天閣は高さ七五メートルで当時日本一の高さを誇り、日本で初めてエレベーターが設備されていた。

その展望に人々は熱狂した。基礎の建物は二段構造で、下はパリの凱旋門をかたどり、上はエッフェル塔を模して造られた奇抜なデザインであった。

今どき凱旋門とエッフェル塔を組み合わせた建物を作ったら、「パクリ」と大騒ぎになるだろうが、当時は著作権の概念がまだまだ薄かった。夜はライトアップされ、全国でも有数の人気のスポットであった。

ルナパークの入場料金は、大人が一〇銭、子どもが五銭で一日遊べた。当時の大工の日当が八〇銭であった。ロープウェイ、鳥や猿の動物園、ローラースケート、八〇人乗りの急スピードで回転する乗り物が人気であった。

これらは、日本人のヨーロッパやアメリカに対する憧れの現れでもあった。

ルナパークという公園は、ニューヨークのコニーアイランドの遊園地を手本にした。ルナパークは、日本やヨーロッパ各国ばかりでなく、世界中にできた。「月の公園」という意味だが、遊園地の別名としてルナパークという名前が広く使われた。

日本では大阪新世界ができる二年前に浅草にルナパークが誕生していた。

新世界のルナパークは明治四五年（一九一二年）から四年で閉園となった。

一三が、ルナパークを見に来ていた理由は、新世界のルナパークが閉園するので、宝塚線終点の宝塚に同じような娯楽設備を作ることを考えていたからである。実際に大正一三年（一九二四年）に宝塚ルナパーク（のちの宝塚ファミリーランド）を一三が作っている。

その新世界のルナパークでのことであった。

取り付けの終わった案内地図看板を刷毛《はけ》で一部手直ししている松室正次郎を一三が偶然見かけた。

一三は声をかけた。

「なかなかその案内図は上手なもんだね、あなたが描いたのですか」

突然声をかけられて驚いた正次郎は戸惑いながら答えた。

「はい、私が描きました」

「この看板を下絵から作るのに何日かかるかね」

「へえ、二日もあればできます」

「いくらぐらいかかるかね」

と矢継ぎ早やに尋ねる一三に
「私はよう知りません、私は職人ですから」

「だいたいいくらぐらいかね」

「そうですねぇ、材料代と私の手間賃を足すと二円ぐらいでしょうか」

「儲けはいくらぐらいかね」

「もうけは……。職人なので、いくらかはよくわかりません」

「看板の仕事を自分では経営していないのですか」

「いえいえ。私は絵を描くのが好きですが、商売は多分あかんと思います」

「ほう」

一三は、正次郎を正直な人物と見た。

「ほんまは絵描きになりたいんです」

「えっ、画家志望なのかね」

「はい、その通りです」

正次郎は初めて笑顔になった。

一三は三井銀行時代に仕事で抵当となった書画骨董をよく見ていて、絵にも造詣が深い。

「看板はうまいね。絵は奥が深いからねぇ。ところで、あなたお名前は」と引き続き関東アクセントの質問が来た。

「松室正次郎です」

「マツムラさん？」

「いえ、マツムロです」

「私は、小林一三と言います。一度ウチの事務所に遊びに来ませんか」

正次郎に向かい合って胸のポケットから名刺を取り出す一三を見て、正次郎は名刺を汚してはいけないと慌てて自分の手をズボンで拭いて、「箕面有馬電気軌道会社専務取締役　小林一三」と記された名刺を恭しく受け取った。

「こばやっさんですかぁ、どうぞよろしくお願いします」

と深々と頭を下げた。

正次郎は「こばやしさん」ではなく、「こばやっさん」と最初に会った時から生涯呼んでいた。

24　松室正次郎の生い立ち

松室正次郎は、明治二七年（一八九四年）二月一一日三重県宇治山田生まれ。

松室勇次郎とやすの間に三男として生まれる。長男、次男が若い時に逝去し、実質上の長男役であった。上に長女みよ、下に四男秋次郎、五男太治郎がいた。

先祖はいつの時代からか伊勢神宮外宮の身分の低い神官であった。

伊勢参りは、江戸時代の庶民の夢であった。

江戸時代に私用で旅をすることは、禁足令や倹約令に反するため、「講《こう》」と呼ばれる神社詣でのため共同体が各地にできた。これはお上《かみ》も規制していない。

村の仲間で積み立てを行って、順番に「神社詣で」に出かけるという仕組みである。「伊勢講」「成田講」「金比羅講」「厳島講」などがあり、中でも「お伊勢参り」は一番人気が高かった。

しかし、明治になってからの日本では、人々は自由にどこへでもいけるようになっていた。日米通商条約で、函館、横浜、東京、大阪、神戸、長崎が開港し、外国人や外国人が持ち込む新文化などを見ることができる。明治時代の若手は都会である東京や大阪を目指すようになった。自分の好きな場所に住むことができ、頑張ればどんな職業にもつける。そういう、若者が元気になれる時代となった。

そんな時代の伊勢に松室正次郎は生まれた。

伊勢参りが歴史上最低とも言えるほど下火になり、代々の神宮の仕事も継げない。

正次郎は、家から徒歩一〇分にある進修《しんしゅう》小学校に通っていた。

校門のすぐ内側に立派な槙の木が一本立っていた。手入れが行き届いていて、水平に伸びた枝先の葉は大空の雲のようにこんもりとしていて、左右のバランスが取れている。

当時の小学生は、木綿の着物を着て細紐一本を巻き、ワラジ履きであった。

正次郎は勉強嫌いではなかったが、特に目立つ存在でもなく、ほとんど褒められたこともなかった。

ただ、ある時「だるま」の絵を描いたら、先生の目に留まった。

「松室くん、それ上手やないか」

「そーでもないです」

「いやー、大人が書いたみたいやで」

「そーですか。でもうちの先祖は伊勢のお城の絵描きやったかもしれないんです。爺さんがそんなことを言ってました」

「へえー、そうなんや」

以来、正次郎は機会があると「だるま」を描いた。先生から褒められたのが嬉しかった。

大人になってからも高齢になってからも「だるま」をよく描いた。

色紙に描いて人に差し上げたことも何度もあった。目力があるが、どことなくユーモラスな「だるま」なので、もらった人が喜んで家に飾っていた。

正次郎は子どもながらに伊勢の衰退を感じ、このままではなんともならないと思っていた。小学校を出たら、東京か大阪のどちらかに行こうと思っていた。

手先が器用で、絵も描くし、包帯を巻いたり薬の分包を作ったりするのが上手だった。

その頃からこう思うようになった。

「絵描きになりたい」

25　松室正次郎石橋に移り住む

梅田から北に伸びる阪急宝塚線は、石橋駅（現在の石橋阪大前駅）で箕面《みのお》線に分岐する。

その当時の石橋は本当の田舎で、ほとんど建物らしきものも何もなかった。

正次郎は晩年、孫の松室《まつむろ》利幸《としゆき》たちにこう語った。

「石橋に引っ越してきた頃は、このへんには家がほとんどなかった」

「夜になるとキツネがコンコンと鳴いていた」

「春は周り一面がレンゲ畑やった。ヒバリがピーチクパーチク鳴いて賑やかやった」

松室正次郎（議員時代）

ルナパークの仕事が一段落し、当時住んでいた大阪市内から、正次郎は一三のオフィスにやってきた。緊張していたが、一三が「遊びに来てください」と掛けてくれた言葉をそのまま受け取っていた。
一三の笑顔での迎えを受けて、正次郎はとても光栄に思った。ルナパークでの出会いに感謝し、「一期一会《いちごいちえ》」は本当にあるのだと思った。

正次郎は自分が描ける看板や絵について詳細に説明し、一三も電鉄や遊園地事業でどんな看板の需要があるかを説明した。

その後、びっくりすることを一三が言った。

「松室さんも、石橋に引っ越してくればいい。そこで商売を始めたらいい」

「えっ？」

「今、石橋は箕面への分岐点としてあるだけだが、いずれ栄えてくる。宝塚沿線も箕面線沿線にも人が増えてくる。将来有望ですよ」

一三としても宝塚線沿線に一人でも住人が増えることはありがたいし、ひょっとして仕事をしっかりする業者を近くに得ることになるかもしれない。

正次郎は、下を向きながら声を落として一三に言った。

「自分の商売ゆうてもお金もないし、やったこともありませんし……」

「小さな資本でも開業できる商売は、いくらでもありますよ」

「ははあ？　私みたいなものが果たしてうまくやれるかどうか……」

「確かに、成功するかどうかが鍵です。ただ予算どおりの大成功とまでいかなくても、そこそこの結果が出ればいいのではないですか」

「そうですかね、こばやっさん」

と自信なさそうに答えた正次郎に一三は、きっぱりと言った。

「成功の秘訣は、『独創性と努力』です」

「独創性と努力？」

「はい、その通り。小資本で成功しようと思うなら、独創と努力が必要です。例えば、小売業が百貨店などの大型店舗の進出で圧迫されているなら、小売店の独自の特徴をはっきり活かしてゆけばいいのです」

と差別化の重要性を説き、こう続けた。

「小資本で自分が努力するからこそ大会社のように経費がかからず、無駄が省けるという強みが出てきます。自分の身ひとつで商売をして、自分のちょっとした注意や工夫をすることで儲けることができます。お金がないから商売ができないという人間は、お金があっても商売ができないのです。その気になれば、資金がなくても商売を始めることができるのです」

今までに聞いたことのない話には重みがあり、説得力があった。湧き水のように勢いよく眼前の経営者の口から出てきたのであった。

正次郎の心は大きく揺れたが、思い出したようにこう聞いてみた。

「それでも今みたいに不況の時にもちゃんと商売ができますでしょうか」

「松室さん、不景気のせいにしていてはいけませんよ。八割の会社が儲かっている時を好況というのでしょう。二割の会社しか儲かっていないのを不況と呼ぶかもしれません。しかし、不況でも二割の会社がちゃんと儲けているのです。好況でも不況でもそういう二割の会社は儲け続けているのです。不況の時こそ『独創性と努力』が必要です」

さらに一三は続けた。心の恩師である甲州財閥の根津嘉一郎からの学びを順送りした。

「不況の時に始めた会社こそ潰れないのです。好況の時に始める会社は、好況に支えられているかもしれませんが、不況の時に始めた会社は、不況でも成算がある会社です」

流れるような一三の説明に正次郎はただただ驚くばかりであった。

「看板なんか商売になるでしょうか」

「商売は開業するまでによーく研究することが大事です。松室さん自身が、そういう市場があるか、自分ができるかどうかをよーく考えたらいい。街中に出かけて、自分の目で看板の需要が増えそうかどうか確かめたらいい。そしていけると思ったら脱兎のごとく行動することです」

「はあー」

「松室さん、宝塚線や箕面線沿線はますます栄えてきますよ。それと、工業が発達して国民が裕福になってきているので、大衆の需要が増えてきます。例えば、大衆娯楽などは大きく伸びる分野です。そんな中で、看板がどう伸びるであろうか考えてみたらいいです」

一三はこうつけ加えた。

「金がないから何もできないという人間は、金があっても何もできない人間ですよ」

この言葉は一三が後世に残した名言の一つである。

こんな雄弁な一三に、正次郎は驚くと同時に感謝した。

「こんな看板職人にこれほど熱心に語ってくれてはる」

論理的であり、言葉に力がある。気迫というか情熱というかものすごい。

商売人でもこのように演説の如く語れる人がいると感心した。

一三の怒涛のような説明に圧倒されて言えなかったが、正次郎は一三がひょっとして、自分を看板職人として雇ってはくれないかと内心思っていた。

しかし、一三は正次郎の独立を問うた。まったく予期していなかったので、正次郎は驚いた。

一三は福沢諭吉の言う独立自尊と自らが選んだ起業について、眼前の後輩に順送りしていたのである。

その時すぐに決断できなかったが、そんな経緯があって、宝塚線・箕面線開通の二年後に松室正次郎は石橋へ移り住んだ。大阪市内の長屋暮らしよりはるかにいいと思ったからだ。

正次郎は、画家になる夢は持っていたが、とりあえず看板屋を始めることを考えた。一三の好意はありがたく、次第に看板屋の方向に流されていった。

そしてもう一度一三に会いに行って、こう言った。

「石橋に引っ越してきました。将来はどうするか決めていませんが、とりあえず看板屋を始めるつもりです」

「ほほー、それはいい」と頷きながら笑顔で言う一三に、

「本当は絵描きになりたいので、二足の草鞋です」と答えた。

正次郎は流れで看板屋を始めようとは思っていても、心はまだ芸術家である。正確に言うと、画家では「まだ」食ってはいないが、画家志望である。

しかし、「食べられなくても、石にしがみついても画家となる」というほど強固な意志を持っているわけでもない。単なる願望であり、熟慮した上で設定した目標でもない。

一三は、その日は議論をせず、

「石橋にようこそ。これからもよろしく」とニッコリ笑って、続けた。

宝塚歌劇学校大運動会「ページェント」にて
背景の舞台大道具を製作中の松室正次郎 (白服の人物)

「ああ、もう一つだけ」

一三は、話の続きで正次郎にこう言った。

「松室さん、松室看板店はゴロが悪いし、そもそもマツムロと発音し難い。あなたは伊勢から来たのだから、伊勢屋《いせや》と名乗ったらどうですかね」

「ありがとうございます。でも、伊勢の田舎もんとは聞こえへんですか」

「そんなことはない。堂々としていい。伊勢商人や近江商人は勤勉で、他の地域の人からの評判も高いんですよ」

「へー、そうなんですか。私は勤勉とは言えませんが……」

一三は続けて言った。

「そもそも三井は、伊勢松坂の出身であり、伊勢商人は立派であるとあの安田善次郎翁もおっしゃっている」

いつもは優柔不断の正次郎であったが、今回は即決した。

「はい、かしこまりました。伊勢屋看板店と名乗らせていただきます」

こういう経緯で「伊勢屋看板店」が石橋の商店街に誕生した。

正次郎は、「タローパン」という石橋では老舗のパン屋の向かいに「伊勢屋看板店」を持った。石橋駅から西口商店街を南へいく最初の踏切の左側手前にあった。

宝塚では多くのイベントが催されたので、看板の注文をよくもらった。歌劇の女性が参加する「ページェント」と呼ばれる運動会イベントは人気が高く、正次郎はその運動場の背景看板や文字看板などを作って忙しくしていた。

26　松室正次郎の「選択と集中」

正次郎は、二七歳で松田ふさと結婚した。

和夫（長男）、喜代（長女）、芳啓（次男）、貞子（次女）、正（三男）、猛（四男）、勲（五男）の五男二女に恵まれた。

ある時、正次郎は一三に会った時に、自分の結婚のことを報告した。

「こばやっさん、私、結婚しました」

「ほほう、それはよかった」と目を細めて喜んでくれた。

その馴れ初めなどを聞いたあと、一三は尋ねた。

「それで奥さんのお名前は？」

「はい、ふさと言います」

「ええっ、ふささん？」

とだけ一三は言ったが、一三は自分を育ててくれた同じ名前のお婆さんのことを思い出していた。

そしてこう言った。

「私の長男は冨佐雄《ふさお》というんです」

その後も、一三が正次郎と会うときに、一三は「ふささんはお元気ですか」とよく聞いていた。

そう聞かれるたびに正次郎は、「ご子息の冨佐雄さんはお元気ですか」と遅れて尋ねるのであった。

伊勢屋看板店を始めたものの、正次郎の仕事ぶりは今一つであった。

自分は半分芸術家であると思い込んでいたためか、商売はそんなに熱心なほうではなかった。

お得意様は大切にしていたが、今でいうマネジメントは苦手であった。明確に目標を伝え部下が成果を出せるように指示命令することも率先垂範することも得意ではなかった。

別の機会に、一三は正次郎に尋ねた。

「松室さん、あなたの人生だから私がどうこう言うつもりはないが、絵と看板のどちらをやるのですか？」

「ええ、前にも申し上げました通り、絵描きを目指していますが、それだけでは食べられないので看板もやろうと思っています」

「どちらか『選択と集中』が必要かもしれませんな。やってもらいたい看板仕事もたくさんあるので、看板仕事に集中するのはいかがですか」

「ええっ？」

選択と集中の意味がわからず、正次郎が戸惑っていると、一三は、説明をしないで、優柔不断の正次郎にこう言い換えた。

「松室さんは、どんな分野の絵を描きたいのですか、最終的に？」

「へえ、多分風景画です」

ここで一三はちょっと考えて、一呼吸おいてこう言った。

「では東海道を行って風景画を描いてきたらいい」

「いい絵ができたら私が全て買い上げましょう。これはその前金の一部です」

といって一〇円札を正次郎に渡そうとした。一三の意図が正次郎にはよくわからない。

「いえいえ、こんなお金はいただけません」と一三に返そうとするが、一三は正次郎に押し付けて、

「さっさと行ってきたらいい」

というセリフと一〇円札を残して風のように去っていった。


正次郎は「どこを描こうか」と大いに迷った。富士山は外せないのは間違いないが、それだけではもったいない。自分なりの東海道五十三次を描いてセットにしたいとも思った。

一三から預かった一〇円は使わずに、自分でなんとかしたい。あとは「絵を道中描きながらそれを売って路銀にしよう」と考えた。腕のある絵師は自分の絵を路銀代わりに置いて旅をしたと伊勢にいた頃に聞いたことがあった。

自分が子どもの頃から夢にまでみてずっとやりたかったことを今からできる。長年待っていた機会にとうとうめぐり合うことができた。

前途洋々胸が高鳴り、正次郎はこの幸運を大声で「やったー」と叫んで喜んだ。

正次郎は京都から東海道五三次をさかのぼることにした。

大津に着いた正次郎は、広重の絵が大津の中のどこで描かれたかわからないので、古い街並みを探して描きはじめた。正次郎の後ろを通る人が興味津々で覗き込んでいく。違うアングルからの街並みを水彩で二枚描けたので、うまくいったと喜んだ。

そこで人通りがあるところで二枚を並べて売ろうとした。

「買いた絵を路銀にして旅をする」というかねてからの願望を実行しようとした。気持ちは一丁前の画家である。絵を売るのは初めてだが、長年その瞬間が来るのを強く願っていたので嬉しくて仕方がない。

しかし、通行人は、立ち止まって覗き見はするが、売れはしない。

「なかなか上手やな」

とは言ってくれる人がいるが、誰も買ってはくれない。

普段見慣れている風景なので買わないのかと最初は思っていたが、時間が経つにつれ、だんだん正次郎の気が重くなってきた。

一三は、よければ正次郎の絵を全部引き取るとは言っていたが、正次郎の大津の絵は果たしていい絵なのか正次郎が自問自答を始めた。

「いや、あかん。これはこばやっさんのところへ持っていけるような絵とちゃう」

「あかん、このままでは、全部の宿場などどんなに頑張っても描かれへん」

焦った正次郎は静岡へとやってきた。由比《ゆい》では富士山をのぞむ薩埵峠《さったとうげ》に一週間通い詰めた。しかし満足のいく作品を描くことはできなかった。

絵を売って路銀にできるほど、世の中は甘くはないということがしっかりとわかってきた。「楽しみで絵を描く」ことと「売れる絵を描き続ける」ことがまったく違うことがよくわかった。

口惜しいが、どうしようもない。こんなに恵まれた環境でも、上手い絵が描けない。理想と現実のギャップを嫌というほど思い知った。

悔しさと情けなさが大きな波のように正次郎に押し寄せてくる。涙がボロボロ溢れて止まらない。ほかに誰一人いないので、大声で泣いた。駿河湾に向かって、富士に向かって泣いた。

いつしか涙が枯れてきそうになって、だんだんすっきりしてきた。

「そもそも、画家は無理やったんや」

「専門の勉強もしてへんし、しゃーない」

長い話を元へ戻すと、一三は正次郎の才能を見抜いていた。

「松室さんは正直者でいい人だが、芸術家となるのは無理だ」

「しかし看板絵は上手いから、それを活かしたらいい」

そう思ったが、ひょっとして絵の才能があるかもしれない。だから、腕試しの旅に出ることを勧めた。そして、その結果をもとに、看板を描くか絵を描くかの決断を迫った。

そもそも、看板絵と絵画は似ていていても本質的にまったく別のものである。

前者は広告のために見る人に遠近のぼかしをあえて使わず、どの部分もはっきりと描く。よって平坦なものに見える。きれいな看板絵であっても芸術性には乏しい。

後者は描き手の思いを絵のどこかに焦点を当てて、あるところは詳細に別の部分はピントをぼかして、描き手の思うままに描く。


薩埵峠の正次郎は、気持ちが晴れた。晴れ晴れとした富士の山であった。

「こばやっさん、おおきに、ありがとうございます」

正次郎は本物の看板屋になることを決意した。

小さい時から憧れていた画家の夢は、薩埵峠から眼下に広がる駿河湾にほうり投げた。

そして、アドバイスをくれた一三を思って、誓った。

「こばやっさん、ええ看板作らしてもらいまっせー」

27　ビジネス成功の秘訣は信頼と信用

一三があるとき正次郎にこういった。

「松室さん、あなたには、見どころがある」

「何をおっしゃるんですか。私は何の学問もありません」

「学問の話ではないんです。信用の問題です」

「エッ?・」と正次郎は一三が何を言っているのかわからなかった。

ビジネスや組織で成功するには、人様から信用され、信頼されることだと一三は言った。では
どうすれば、信用され信頼を得られるか、一三は自分の思いを正次郎に順送りした。

その一

「信用を得るには、まずは正直でなければならない。どれだけ技術があっても、豪腕であっても、人様から信用されていないと成功には至らない」

しかし正直であっても、愚直ではなく、気がきく正直者でないといけない。つまり、物事を臨機応変に処せることが大切である。

一三の師である福沢諭吉は、「正直は芸にあらず」という。

金庫の番人は、正直だからできるというものではなく、泥棒のできる人が泥棒は何をするであろうかを知っていて、番人をするのが理想である。

つまり、自分が正直なだけではなく、人の不正直も見抜く力がないと信用を得られることができない。

その二

「普段から礼節を守っていないといけない」

心ではいつでも忠誠を尽くしますと言っても、乱暴な言葉を使って手荒なことをしているようでは、仲間や相手に伝わるものではない。普段からの小さな行いや礼節が大切である。

その三

「仕事を迅速に正確に行うこと。頼まれた仕事を催促されるようでは、信頼されない」

これは一三がスピーディーに行動する社内風土を作った基本的考え方である。

残業をして働くことで信用を得られると思っている人がいるが、それは大きな間違いである。

時間内に与えられた仕事をしっかりと正確に成し遂げることが信用を得る道であると一三は考えていた。一三は仕事もしっかりしたが、時間内にテキパキと仕事を終わらせることも忘れなかった。

その四

「お客様から信用を得ること」

例えば、飲食店を行うならば、新鮮なものを豊富に、美味しく、安く提供し、お客様第一主義とすれば、自然に上手くいく。

また、信用は、学問や学歴が生むものではなく、普段からの考え方や行動が生む。

実際に、正次郎は、一三から信用されていた。

泥棒がどう盗むかまでは正次郎はわかっておらず、福沢諭吉がいう理想の正直者であったかは

松室正次郎が松茸の番をした六甲山ホテル

大いに疑問であるが、一三は正次郎を信用した。
一三は、神戸に面する六甲山に、宝塚ホテルの分館として、六甲山ホテルを昭和四年（一九二九年）に開業した。
戦中は荒廃していたが、戦後、一三は六甲山ホテルを再開しようとした。
そのウリは美しい山間と秋の松茸狩りであった。それを電車の中吊り広告や駅の広告看板で大いに宣伝した。そのためか、六甲山に松茸泥棒が頻繁に出没した。

ある日の夕方、一三からの電話を受けた正次郎は、伊勢屋看板店の番頭の堀之内武男に言った。

「今から六甲山に行ってくる」

「えっ、六甲山になんの仕事ですか？」

堀之内が聞き直した。

「松茸の番人をせえと、こばやっさんが言うてはる」

「松茸の番人？　看板屋が、なんで松茸の番をするんですか？」

それには答えず、正次郎は最高の気分で六甲山ホテルに一張羅の靴を履いて出かけて行った。

正次郎は、前に一三から聞いたことをよく覚えていた。

「松室さん、人から信頼される人にならないといけません。また便利な人ではいけないよ。なくてはならない人になることです」

正次郎は、一三から信頼を得ていることと、なくてはならない松茸の番人に指定されたことをとても誇りに思ったのである。

この人にはどこまでもついて行くぞと正次郎は思っていた。

28 宝塚歌劇団の大成功とページェント

一三は、宝塚線の終点宝塚にも誘客戦略を考えた。

宝塚を南北に流れる武庫川の下流に向かって右岸には、鎌倉時代から宝塚温泉があった。阪急宝塚線はその対岸に作られた。

一三は宝塚線に沿って明治四四年（一九一一年）に新温泉を開設。翌年、その温泉の隣に、「宝塚新温泉パラダイス」を創立した。モダンな洋館建てで、日本初室内プールなどの複合レジャー施設であった。

宝塚新温泉パラダイスの室内プールを改装して、五〇〇名収容の「パラダイス劇場」を作った。室内プールとしてではなく、プールに板を敷き詰めて簡易舞台を作った。

プールも集客のための行動計画の一つであったが、これは失敗だったと言われている。

水温管理のためのヒーターを設備しなかったことと、男女が水着で入るというのが当時の文化的に受け入れられなかったのが理由である。

一三は、大正三年（一九一四年）、三越が集客に企画した男性だけの「三越少年音楽隊」をヒントに、少女による「宝塚唱歌隊」を結成した。四月一日にプールを改装した劇場で宝塚少女歌劇の第一回公演が行われた。最初の演目は、動物の部下達を引き連れて鬼退治をする桃太郎を題材とした「ドンブラコ」であり、内容は踊りや合奏・合唱。客層は和服に髪を結い上げている若い女性がほとんどであった。

第一期生は一六人でスタート、その年四人を追加して「宝塚少女歌劇養成会」と改称した。「日本初めての少女歌劇」と新聞広告がされ、宝塚少女歌劇がスタートした。

その年の秋に一三自身が脚本を書いた歌劇「紅葉狩《もみじがり》」が上演され、その後も歌や踊りで華やかな宝塚少女歌劇の舞台は好評で、大正一〇年（一九二一年）ごろまで正月、春、夏、秋の年間四公演が実施された。宝塚の開始当時から女性ファンが多く、これは一〇〇年を超えても脈々と続いている。

大正七年（一九一八年）宝塚少女歌劇は東京帝国劇場で東京進出を果たした。

この頃歌劇団の初機関誌「歌劇」が創刊され、全国的な人気となっていった。以前から一三と交流の続く与謝野晶子《よさのあきこ》が「歌劇」の創刊号に歌を寄せた。

大正八年（一九一九年）、「宝塚音楽歌劇学校」を設立し、一三は校長になった。歌劇女優の養成学校であり、のちの宝塚音楽学校である。

観客は順調に増え、一三は面目躍如であった。

箕面駅前にあった公会堂を宝塚に移設し、一五〇〇席の「公会堂劇場」とした。

公会堂劇場とパラダイス劇場との二本立てとして、花組、月組と改称した。

大正一一年（一九二二年）に年間八公演を開始した。


同年六月からページェントが始まった。

ページェントとは、野外運動会であり、「宝塚歌劇学校大運動会」と名付けられていた。宝塚少女歌劇は、花組、月組と二本立てとはなったものの、まだまだヨチヨチ歩きであった。そこで歌劇の出演者を動員した運動会を始め、宝塚への集客を行った。のちには記念のイベントの機会にしか開催されなくなったが、当時は毎年行われていた。

松室正次郎ら伊勢屋看板店のメンバーが、ページェントのテーマに合わせて背景の大道具や看板を製作した。

ヨーロッパやアメリカの街中や賑わいを演出する大道具をたくさん作った。

テーマをもらうたびに伊勢屋のメンバーがあれこれ議論して、下絵のアイデアを複数作って正次郎が阪急に持って行った。

ページェントが始まった当時は、一三本人が正次郎と打ち合わせをしていた。ある時デザインを見た一三は、こう言った。

「松室さん、もっと西洋風にしてくれませんか」

「下絵三枚ともだめでしょうか」

「そう。どれも中途半端だね。もっと明るい感じに」

「出直します。スンマセン」

そんな厳しいやりとりが、正次郎を成長させた。商売面は決して上手くはなっていないが、絵心の深い一三とのデザインや製作の打ち合わせを通して、妥協のないクオリティの高いものを作り出して行った。

そんな打ち合わせを一三とできることが、正次郎にとっては嬉しくもあり、誇りでもあった。自分の子ども達を捕まえては「阪急さんのページェントで忙しいねん」と口癖のように言っていた。

その後、阪急は電鉄以外の仕事がどんどん増えていったので、一三もページェントのセットの打ち合わせまでは手が回らなくなってきた。

それで、正次郎は、ページェントの担当に相談するようになっていた。ただ、その担当は大事なことはその場で決めずに、「検討してから返事をします」として、数日してから返事があった。絵に造詣が深く、芝居や舞台のクリエーターである一三に相談していたことは、正次郎も察しがついていた。

それでも、時間が経つにつれてほとんどの提案がそのまま通るようになっていた。選択肢をいつも三つ持って行き、選んでもらった。どの下絵も手を抜かずにしっかりと作製して行った。

ある日、正次郎がページェントの現場で大道具の組み立てをやっているときに、一三がひょっこり現れた。

「久しぶりだね、松室さん」

「はい、こばやっさん、えらいお忙しいようで、長いことご無沙汰しております。すみません」

「ページェントも毎年盛り上がってきていて、松室さんにとてもいい仕事をしてもらって助かっていますよ」

「とんでもありません」

と答えたが、正次郎は内心飛び上がるほど嬉しかった。

正次郎は、一三に教えられたことをいつも反復していた。

・与えられた仕事を一生懸命にやること。
・信頼を勝ち取ること。
・独立自尊を心がけること。

一三の指南がなければ、松室正次郎は自立しておらず、伊勢屋看板店も創業していなかった。

29　歌劇と映画、大衆娯楽の二本立てで「東宝」を設立

大人気となった宝塚少女歌劇は、東京公演では帝国劇場などを借りて行っていたが、一三は、東京に常設劇場がほしかった。そこで、昭和七年（一九三二年）、演劇と映画の興行をする株式会社東京宝塚劇場を設立した。あまり知られていないが、「東京宝塚」が「東宝」の語源である。

昭和九年（一九三四年）、有楽町近くの日比谷に「東京宝塚劇場」を開場した。以来、宝塚の東京の常設拠点となった。

昭和の時代になると活動写真と呼んだ映画人気が高まってきた。

「果たして映画という新しい技術（現代流に言うとメディア）を大衆が受け入れるのであろうか」

と一三は考えた。演劇と映画は同じ大衆芸能であっても大きな違いがある。

劇場では、役者と観客の意思のやりとりがある。役者がいい演技をすると、それをわかる観客の拍手が増える。その拍手に応えて今度は役者がもっと燃える。またそれに観客が感動して、大きな拍手や掛け声で役者を応援する。

舞台や歌劇は、例えば一時間三〇分の長さのものが、時に一時間二五分で終わったり、あるいは一時間三五分かかったりすることがある。それは、その当日の役者と観客の意識のキャッチボールがあるからであり、「間」が違うからである。ただ、臨場感はあるが、来場した人しか感動させられない。

映画は観客の感動具合や理解度が違っていても、機械的にフィルムが回る。観客は変わっても、スピードはいつも一緒。臨場感はないが、より多くの人を感動させることができる。

一三はさらに考えた。

芝居や歌劇の人気がこのまま続くのであろうか、それとも映画が芝居や歌劇の人気を凌駕してしまうのであろうか。

一三は西洋の動きを徹底的に調査し、またコストも考え、最終的に両方を採った。

東宝映画配給株式会社を設立し、東京や関西でも映画上映用の劇場をオープンした。

東京墨田区の錦糸町に「江東楽天地」という映画館四館を開け、関西では宝塚ルナパーク、神戸阪急ビルに三つ、大阪難波にも映画館を開場して、映画産業への礎を作った。

その後、劇場運営にもさらに力を入れ、日劇や帝劇を傘下に入れた。

話は変わるが、一三は、福沢諭吉から学んだグローバル思考に強く共感していた。先に述べたように、福沢は鎖国時代に三度も洋航している。

更に尊敬してきた先輩の多くが洋航か留学の経験者であった。

一三は自分に留学の機会がなかったことを大いに悔やんだが、阪急を立ち上げたあとアメリカ・ヨーロッパへ視察旅行に出た時の喜びは半端ではなかった。

長旅にもかかわらず、休憩する時間を惜しんで精力的にいけるところを全て見て回った。思ったことをメモして、宿に帰るやいなや部下に「あれを調べよ、これはなぜか」などと山ほど質問と指示をした。

船に乗ってはその食事に興味を示し、「なぜ美味いのか考えよ」と部下に考えさせ、アメリカの百貨店では天井や壁の継ぎ目を凝視して、建物が次第に拡張されていった様子を見抜き、何ごとも学びとした。

一三は、宝塚歌劇を通して日本の伝統文化を世界に紹介したかった。関西で成功するだけではなく、東京へも進出したので、その次は当たり前のように世界を目指していた。

電鉄会社は、線路が敷かれているところだけでの収益性を考えがちであるが、一三は広い視野で世界を見ていた。

昭和一三年（一九三八年）から昭和一四年（一九三九年）にかけて、宝塚歌劇はヨーロッパやアメリカ公演を行った。

東京では、東京宝塚劇場と東宝映画株式会社が合併し、東宝株式会社となった。つまり、劇場と映画の両方を事業とする。また、映画は上流から下流まですべて、具体的には映画の製作、配給、興行を行った。

ただ、第二次大戦終戦前年の昭和一九年（一九四四年）には、第一次決戦非常措置令により大都市の興行が一斉に閉鎖となった。昭和二〇年（一九四五年）、戦後、進駐軍が宝塚大劇場を接収したが、翌年、宝塚新温泉や宝塚大劇場などの押収が解除され、舞台も街も活気を取り戻した。

第四章　大衆ビジネスの極意

30　大人気となった阪急のライスカレー

大正九年（一九二〇年）一一月梅田に完成した五階建ての本社事務所の二階に食堂を設け、一階を百貨店の白木屋に貸して売り場にした。それぞれ八〇坪ほどの大きさであった。

沿線宅地の開発が進み人口が増えてくるに従って、梅田駅での乗降客が大幅に増加した。これら乗降客向けのサービスとして梅田駅ターミナルの食堂や売り場が登場し、素早い意思決定が次々となされていく。

本社事務所の二階に設けた食堂で、ライスカレーを売り出した。これも路線を活性化させるための一策であるが、このカレーが大人気になった。

当時カレーは「ハイカラ」な食べ物であった。

「ハイカラ」とは、西洋風で時代の先端をいく格好いいものという意味である。

阪急食堂のテーブルにはソースが常備されていた。

ソース自体も当時の人にとっては、ハイカラであった。

もともとは英国の都市ウースターから輸入したので、ウースターソースと呼んだ。ハイカラな輸入品が重宝された。明治三〇年代、四〇年代に国産ソース会社が登場してくるが、ソースは昭和の戦後直後でもまだ珍しいものであった。

阪急食堂で売られていたお得感のある一杯二〇銭の人気のライスカレーであるが、カレーはいらないが五銭のご飯にソースだけかけて食べたいという客がいた。「ソーライス」と呼ばれたという。

あるとき、体つきのがっちりとした建設現場風のオジサンが、汚れた作業着のままで、阪急ビルの食堂にやってきた。

出されたご飯にソースをかけながら大声でこう言った。

「これ、福神漬けがえらい少ないどー」

支配人がその席に飛んでいって、こうなだめた。

「すみません。これは福神漬けの普通の分量です。特に少ないわけではございません」

「食堂の外にある見本にはもっとぎょうさん福神漬けがついとる。どないやねん」

と男が言い返したときに、支配人の横から深めの大皿を左手に乗せて、右手に大きなスプーンを持った小男が現れた。一三である。

「お客様、大変失礼しました。ソースはかけ放題、福神漬けも食べ放題ですので、遠慮なくお召し上がりください」

笑顔でそう言いながら、スプーンにてんこ盛りの福神漬けを男の白いご飯だけが盛ってある皿に何度も運んだ。その客が帰ったあと、

「ソーライスに福神漬け大盛りでは採算が合いません」

という支配人に一三はこう言った。

「確かに今はソーライスのお客様かもしれん。しかし将来は家族や知り合いを連れてきてくれるかもしれない大切なお客様だよ。お客様第一だ」

一三は、大衆ビジネス、つまりB2C（Business to Consumer）ビジネスをちゃんとやれば、利益率は低いがしっかりとしたビジネスとなると確信していた。

ところがB2B（Business to Business）ビジネスしかやっていない会社が急にB2Cに参入すると、これがとんでもなく大変なビジネスであると痛感する。

B2CのCは、購買部長でも資材部長でもなく、一般人である。買うことが本来の仕事でもない。ただ個人として買っているので、嫌なことがあったり、気に食わないことがあったら躊躇することなく別のメーカーに軽々と易々といってしまう。

Ｂ２ＣのＣがクレーマーであったり、それに近いこともあったりすることもある。Ｂ２Ｂしか経験していない会社はクレーマーなどの対応は経験したことがないので、びっくりするのである。買うといいながら、気変わりすることもしょっちゅうある。

Ｂ２Ｂの場合、買い手はプロのバイヤーである。

安定的に経済的に購買することが目的であり、プロの売り手と交渉する。プロだから買うと約束したら、必ず買う。

納入された品物の品質が悪ければ、猛烈に抗議をするが、基本は代替品の確保や今後の改善策を求める。よほどのことがない限り「あなたのところとビジネスをしない」とは言わない。

Ｂ２ＢとＢ２Ｃの最大の違いは、買い手がプロであるかどうかである。

つまり、大衆向けにビジネスを継続するには、経済性、利便性、柔軟性はもちろんＢ２Ｂと同様大切であるが、何よりも頭を下げるという理論を超えたサービスが必要になる。

これを一三は、大衆ビジネスという言葉でやかましく社員に言って聞かせた。

31 阪急食堂の食材調達

本社事務所の二階食堂が好評だったので、大正一四年（一九二五年）、本社機能を別の場所に移し、四階と五階を食堂にし、二階から三階には、「阪急マーケット」という直営売り場を開業し、販売拠点とした。

さらに昭和四年（一九二九年）四月に地上八階、地下二階のビルに増築した。旧阪急マーケットを発展的に解消し、本格的ターミナルデパートとして誕生した。

一階には駅改札につながるコンコースがあり、コンコースを覆う大天井があった。建築家伊東忠太がデザインした鳳凰・龍・天馬・獅子のガラスモザイク壁画と、直径二メートル以上もあるシャンデリアが吊り下げられ飾られたアーチ形の天井が優雅であった。

このビルの七階には、和食堂、中華料理、東京竹葉亭のうなぎ屋があり、八階全部は洋食堂であり、これらを総称して阪急食堂と呼んだ。

座席数は、七階合計が平日七五〇席、日祭日九〇〇席、八階が平日一、八〇〇席、日祭日二、〇〇〇席という大きな規模であった。

特に洋食は大阪随一の名物となり、ハイカラな洋食を食べに行こうと人々が押しかけた。

客数は、平日で二五、〇〇〇人、日祭日で五五、〇〇〇から六五、〇〇〇人に及び、たびたび「満員につきしばらくお待ちください」という看板を出して従業員は必死に対応していた。単純計算すると、平日で一〇回転近く、日祭日は二〇回転以上となる。今では考えられないような効率であり、日祭日の混雑も半端ではない。

調理に消費される食材は、日々、牛一〇頭、キャベツ・ジャガイモ・玉ねぎが二トンずつ、米二三石（六〇俵近く）であった。

米は地下室で炊かれた。一斗（一〇升）炊きの大鍋が二〇個近くも並んでいた。四〇分でご飯を炊き、後の二〇分で鍋の掃除をして次の米を研いだ。これを朝から晩まで何回転もさせた。

水加減や火加減で炊き上がる米の硬さと量が変わってくる。カレーに一番口当たりのよい炊き方を工夫して、時間をかけて大量に作ったカレーをかけ、福神漬けをつけて一人前二〇銭とした。

このようにカレーが大人気を博していても、一三はどこまでも満足していない。部下を捕まえては、「もっと美味しいカレーにならないか」と部下に言い続けていた。

当時年間四、〇〇〇頭の牛が消費されていて、国内だけではなく、青島や天津などの外地からも調達していた。

当時牛は、主に農業の使役牛として使われていたので、農繁期になると牛の出回る量が減り牛肉の価格が高騰した。内地価格が上がると青島や天津からの価格も吊り上げられることもあり、ここで一三は、食材確保と価格の安定を考えて、一策を講じる。

のちにも詳しく述べるが、阪急百貨店は小売業として仕入と販売だけするのではなく、自社生産商品もたくさん取り扱った。現代流でいう生産一貫販売や小売業のプライベートブランド化などを、その昔から行っていたということである。

牛についてこんなエピソードがある。

ある日、小林一三の次の構想が日本経済新聞に載った。

「六甲山の麓に大牧場を作って牛を育成する。肉は阪急食堂で使い、皮は靴やカバンやベルトに製品化し、骨は肥料に使い、一切を無駄にせずに余さず使う」

その記事をたまたま読んだ静岡県農会大阪出張所の中村利雄《なかむらとしお》は、中村の事務所に出入りしていた日本経済新聞の記者に、こういった。

「天下の小林一三さんでも、この計画はうまくいかないよ。それは、牛は生き物であり、世話をするのに二四時間手間がかかるから。サラリーマンは時間がくれば帰宅するので、うまく育てることができるはずがない」

この話がどこからどう伝わったかわからないが、ある日突然小林一三から中村利雄に声がかかった。一席設けるので、話を聞きたいとのことであった。中村利雄にとっては、初めての夢のような洋風レストランでの食事会であった。

「中村さん、あなたは私の六甲牧場計画は失敗すると言ったそうだが、それはなぜですかね?」

「はい。牛の飼育は工場の仕事のように時間で区切ることができません。二四時間牛と寝食を共にしないとできません。牛も機嫌が悪くなったり、病気になったりする生き物ですから」

「ほほう、牛も機嫌が悪くなる? では、中村さんには、六甲牧場よりいい代替案があるのですか?」

一三は、普段から、よく自分の部下にこう言っている。

「アイデアを出せ。一つ上の代替案を考えよ。勉強して、よく考えると何かしらマシな答えが出てくる。ただ、代替案がなければ、否定だけをしていても何も始まらない」

中村利雄は、こう言った。

「はい、阪急との協業でうまい仕組みができます。私が目利きをして良い仔牛を買い付け、私が良いと思うしっかりした農家に預けます。農家は、周りの草やワラにヌカを混ぜて、大きく育て、田畑の耕作に活用します。牛の糞は、肥料として使います。成牛となったら阪急さんに引き渡しをするので、適正な値段での買い取り保証をしてください。百姓も喜びますし、阪急さんも安定的に大量の牛を確保できます」

一三は、この案に膝を打った。

「わかりました。中村さんにお任せするので仕組みを作ってください」

中村利雄は、自分の上司を理事長にして全国有畜協同組合を作り、預託牛のシステムを作った。そして、中村利雄は前からしている静岡県農会の大阪出張所長と新しく作った全国有畜協同組合の大阪出張所長を兼務した。

この委託飼育契約は、古くは「牛小作《うしこさく》」と呼ばれ、「地主と小作人の田畑の使用関係」という田畑の小作をそのまま「牛育成の委託者と受託者」に置き換えたものであった。

委託契約では、仔牛の買い付け費用を委託者が支払い、家畜保険をかけて、受託者である農家に預ける。農家は、農耕に使役し、糞尿は堆肥として使用しながら飼育する。成牛になると時価で委託者が引き取るという仕組みであった。

阪急食堂で消費する量を確保するには、常時一万頭の牛を委託する必要があったので、山陽、山陰、九州、兵庫などの生産地で仔牛を買い付け、静岡に送った。

中村利雄の長男中村作雄《なかむらさくお》は、幼い時に兵庫県淡路島に父に何度か連れられて行った。たくさんの仔ウシが次々とセリ場の真ん中に引っ張られてくる。

「作雄ちゃん、好きな仔牛を選んでいいよ。元気そうな仔牛をせり落としなさい」

と父に言われて子供ながらに仔牛のセリに参加したこともあった。

中村利雄が提案した、牛小作は、うまく機能した。

これほどの牛を仕込む必要がある大規模な阪急食堂であった。


先にも述べた地上八階、地下二階の梅田の阪急の新ターミナルデパート。

七階、八階の阪急食堂に人が押し寄せることもあり、上の階から下に降りて買い物をするというシャワー効果も絶大であった。

六階には、豪華な茶室福寿荘が作られており、茶人一三の想いがこもっていた。

五階では、紳士服、カバン、雑貨、婦人子供服や雑貨、運動用具が売られた。阪急沿線には景勝地が多々ありハイキング用品の品揃えにも腐心した。

四階は、呉服や反物売り場。

三階は、貴金属、時計、化粧品、婦人装飾品が販売され、整髪料、化粧品、石鹸、ローションなどは自社製品を主体に扱われていた。

二階は、菓子、玩具、書籍、文房具など。和洋生菓子、パン、カステラなどはすべて直営の三国工場で生産され、均一菓子とパンが特に有名であった。

地下は、最も大切な売り場であった。

当時の他の百貨店は駅から離れていて通勤客にとっては不便であったが、阪急のターミナルデパートに通勤時間には買い物客が殺到した。食品は、米、醤油、味噌、青物、果物、鮮魚、木炭などが販売された。また、和洋酒の売り場の横には全国の有名珍味が集められた。

大阪市営地下鉄は昭和八年（一九三三年）に梅田・心斎橋間が開通するが、開通後には市内からの客も増加して、阪急沿線住居者と市内住居者が阪急百貨店に入り混じった。

利便性の高いターミナルデパートで、自前の食品を供給し、シャワー効果で物販するという先見性の高いビジネスを作り上げたのである。

32　事業内容をとことん掘り下げる

好不況に振り回されるのではなく、いつでもお客様に喜ばれ、かつ収益性の高いビジネスを一三は考えていた。

一三が周りに口癖のように言ったのはこのセリフである。

「君たちは勉強が足らん」

あるサービスや製品をゼロから開発し事業化することにも、既存ビジネスを改善することにも、勉強が必要である。考えられるすべての知恵を出し、実際にやるとなったら脱兎のごとく行くところまで走り続ける。

一三はこれを実践してきた。同時に部下たちにもそれを教えようとした。


あるとき一三が、自分が使うヘアブラシを買おうと思って阪急百貨店の売り場に現れた。

「ヘアブラシが欲しいんだが、見せてくれるかい」

「はい、喜んで」と愛想よく女性店員が答えた。誰もが知っている小林一三が目の前にいるので、内心は緊張でいっぱいであった。

「これはいくらかね」

「はい、二〇銭です」

「これは」「はい、三〇銭です」

「んっ？　値札が付いていないのに、すべての値段を覚えているのかね。どうやってそんなにきっちり答えられるのかね」

「えーと、はい、実はここに値段が打ち込まれています」

と言って、ブラシの柄の根本に小さく打刻してある数字を一三に見せた。

「わかった、ありがとう」

ブラシを買わずに一三は売り場を去ったが、その後すぐフロアー担当の深津卓二郎部長が小林に呼ばれた。

「なぜメーカーが、阪急の売値を決めているのか」

「ええと、それは……良いものを厳選しております」

「良いものを選ぶのはいいことだが、私の質問はそうではない。誰が阪急の売値を決めるのかと聞いておる」

「はい、メーカーです」

「なぜだ」

「いえそれは……。前からそうです」

「前からとはいつからか」

「私がこの売り場に異動になった時からそうだったと思います」

「それをおかしいと君は思わなかったのか」

「ずっとそうだと聞いておりましたので、そうは思いませんでした」

ここで一三はキレた。声が高くなり、早口で喋り出した。

「阪急は品質の良いものをいかに安く売るかが命じゃないのか」

「メーカーに売値を打刻され、その値段でハイハイと言って売っていては、商品が良くなるはずがないだろう。この問題を君の上司に言っておけ」

その場は終わった。

翌日、百貨店の重役を含む主なメンバーが集まって、一三のいう問題を議論した。

普通の重役たちは、「値段をこちらで自由に設定するので、納入するブラシには刻印しないでほしい。値札をつけるのは面倒くさいかもしれないが、自由な値段を設定できる」という一応の結論を用意していた。

ここで当時百貨店の主任であった清水雅《しみずまさし》が登場する。一三に長く務め、のちに阪急の大番頭と言われた人物である。

価格をブラシに打刻しないという結論を一三にいえば、

「子どもだましか。勉強が足らん!」

と一喝されてしまうと清水は考えた。

清水は、先のブラシメーカーにどうこう言うのではなく、自分がメーカーになれないかと考えた。歯ブラシからヒゲブラシまでありとあらゆるブラシを集めて、どんな毛がどのように使われているかを研究し、柄はどこで作らせるのがいいかを検討した。いろいろ研究してみると原価が安く、小売業としては十分すぎるほどの採算が取れそうである。小売業や百貨店がメーカー主導で振り回されていることがよくわかってきた。

よって、宝塚の近所に小さな工場を建てて、阪急ブラシとして製造販売を始めた。

現代流のＯＥＭによるプライベートブランドビジネスどころの話ではなく、メーカーになってしまう。すなわち、メーカーから小売までの一気通貫をその昔にやってのけていた。

このほか、ワイシャツ、肌着、傘の製造も行った。

「なぜメーカーに言われるままの値段で売っているのか」

という単純な質問ではあるが、本質の質問に安易な答えを求めるのではなく、まっすぐ受け止めたからこそこういう結果が出たのである。

安易な答えなら「勉強が足らん」と一喝されるという一三イズムが浸透していた。

33　一三の理念経営

一三は大切な経営理念を短く文章化した。経営哲学の見える化とも言える。

一三はもともと作家志望でもあり、キャッチコピーを作るのも得意であった。

昭和終盤から猫も杓子もホームページに「企業理念」なるものを掲載しているが、ホームページの格好を整えるという理由だけで作っている会社も少なくない。

むしろ、何代も長続きしている商家などは「家訓」や「店是」として残している場合が多い。

これらも存続繁栄のための立派な「経営理念」である。

宝塚歌劇団の理念である「清く正しく美しく」は、劇団スタート当初からあり、今でも変わっていない。

次の「理念」は、旧来の阪急百貨店のものであり、カッコ内は阪急電鉄のものである。

一、吾々の享《う》くる幸福は御客様（ご乗客）の賜《たまもの》なり。
二、職務に注意し、御来客（ご乗客）を大切にすべし。
三、某日になすべき仕事は、翌日に延ばすべからず。

四、不平と怠慢は健康を害す、職務を愉快に勉めよ。
五、会社の盛衰は吾々の雙肩にあり、極力奮闘せよ。

一と二は、「顧客主義」を明確にうたっている。

「私たちのいただく幸せは全てお客様（ご乗客）のおかげである」

「仕事でお客様を大切にしよう」

三は、業務に関する哲学。仕事はその日のうちに終わらせるというスピード主義であり、本書でこれまで説明してきた。

四は、仕事に関しての考え方。不平や怠慢は、健康にも悪い。仕事を楽しくやろうという前向きで明るい考え方が肝心である。

五は、会社の将来は我々の双肩にかかっている、奮闘しよう。

実は、理念を作るのは簡単であるが、浸透させるのがはるかに難しい。多くの会社は理念や規則はあるが、それと社内で浸透していることとは全く違う事柄である。「仏作って魂入れず」ではいけない。

一三は、自叙伝にこう書いている。

――事務の改善や組織の改正など、いろいろ協議をする。

そしてうまくゆくかゆかぬかという問題になると、

「結局は、君、人の問題だよ」ということがよくある。

「結局は人の問題」であれば、組織も制度もどうでもよいかというと、それは大きな間違いである。

よい制度の下に、よい組織の下に、よい人間が必要なので、その人を得るには、よき制度、よき組織が、完全に効果を表すのであって、人を得なければ、せっかくよい制度もダメになる例は、いくらでもある。

制度や組織の構想を、簡単にスラスラとこしらえることは、誰にでもできる。

ただ、その制度や組織の運用について、その精神を理解する人間が少ないので、その多くは失敗するのである。

よい制度を作るのは大切であるが、それだけでは機能しない。それを理解する優秀な人間を育てなければいけない――『逸翁自叙伝』（講談社学術文庫）

明確な経営理念を掲げ、それを浸透させる理念経営を小林一三は目指した。

一三の尊敬した安田善次郎も、店是という形であったが、同じく理念経営をしていた。

今では多くの優秀な企業が理念経営をしているが、当時は理念経営などの手法はほとんど議論されていない時代であった。

文才溢れる一三は、今日で言う「見える化」をキャッチフレーズや社訓で進めていたと言える。

ちなみに、企業文化を変える必要がある会社がたくさんある。イノベーションしないと、技術や環境や競合の変化についていけず、いつの間にか「ゆでガエル」となってしまう。

過去の栄光や成功に頼っているような組織をイノベーティブな組織にしようとするときに、理念や方針の浸透が最も重要となる。

しかし、そのようなメッセージを作って飾っておくだけでは、何の変化ももたらさない。「変えて」失敗するのも嫌だし、「変えなくても食っていけるのであれば、余計なことはしたくない」と多くの人が考えるからである。

松尾芭蕉が遺した「不易流行《ふえきりゅうこう》」という言葉がある。大切な基本は変えずに守り続けるが、変化すべきところは思い切って変えるべきという意味である。この言葉を一三は大切にし、実行した。

34　小林一三の部下・人材教育

小林一三は、ユニークな部下教育をした。

のちに阪急百貨店初代社長となる清水雅と一三が若い頃、一緒に梅田の食堂の前を歩いていた。

一三は清水に訊いた。

「君がこの食堂の店主であれば、どう経営するか」

「ええっ?」と困って、続けて「特に考えたことはありません」と清水が言うと
「何を言っているんだ。毎日君はこの道を通っているんだろう」

「はい、毎日この店の前を通りますが、特に気になることはありませんでした」

「なに? 気にならないか。それは勉強が足らんのだ。食堂の経営からも学べることはたくさんある。どんな職種からでも、見たり聞いたりする中から勉強しないといけない」

と一喝された。

一三は、見たり聞いたりすることから自分の考えをいろいろ巡らせて、先を読んで仮説を引き出して検証していた。

例えば、本屋の前を通るとどうすればもっと本が売れるかを考えた。本屋に入ったらまず陳列を見る。どんな本が店の一番良い場所に置いてあるかが気になる。

また、どんな客が入ってくるのかも見ている。学生か、主婦か、会社員か。立ち読みだけの客か、買う客か。良さそうなものを探してあれば買うのか、それとも来店前から買うものが決まっているのか。顧客のニーズを観察し、そのニーズを満たすサービスが提供されているかどうかを考えた。

一三は、自分が本を買う時に本屋の店主にあれこれ聞くこともよくあった。

わざわざ考えて質問しているわけではなく、好奇心に溢れる一三の頭が勝手にそう回転するのであった。

何事にも興味を持って、現実を観察し、ニーズにサービスが応えているか、もしくはサービスがニーズを作っているか考えていた。

レストランに入っても同じである。このレストランは「ここができているがあそこがダメだ」と自分の仕事ではなくても、バーチャルに常に考える癖がついている。常に顧客のニーズとレストランのサービスのバランスがとれているかを考えた。

自転車屋の前を通ると、店主とお客のやり取りを聞いていた。

このお客はどのような目的で自転車を買うのか、店主のサービスは客を満足させるのかを自然に考えていた。

だから、一三は部下にも同じようにそれを教えようとしていた。

一三に言わせると、普段から見ること聞くことから多くを学べる。ちゃんと観察して考えれば、どんな職種からでも学ぶことができる。観察して、先を考えよ、実行可能な最善のアイデアを出せるように常に訓練をしておくようにと刷り込んだ。

池田市の出身の原田憲という代議士を一三は応援した。原田憲の若い頃、こう聞いて考えさせた。

「君が池田市長だったら、まず何をするかね」

その後原田憲は上りつめ、運輸大臣、郵政大臣などを歴任した。

部下にもこう言った。

「君がこの図書館長だったら、まず何をするかね」

「君が駅前の豆腐屋の主人だったら、まず何をするかね」

このようにバーチャルで考える癖を部下に付けさせた。

一三は、人の育て方に腐心した。

先の清水雅は大阪市出身で、慶應義塾大学経済学部を卒業して、コロンビア大学に留学後、小林一三に誘われ、昭和三年（一九二八年）に阪急電鉄へ入社したエリート。一三の秘書をして欧米を視察し、様々な薫陶を受け、『小林一三翁に教えられたもの』（梅田書房）などの著書で「小林一三教」を語り伝えた。阪急百貨店社長、阪急共栄物産社長、阪急百貨店会長、阪急電鉄会長にそれぞれ就任・歴任した。東宝社長・会長も歴任し、東宝中興の祖とも呼ばれた。

清水は一三からよく言われた。

「お前を育てるのはまったく苦労するよ」

一三から叱られる時いつも聞くのがこのセリフであった。

いらないことを言っては怒られ、考えが及ばなくても叱られるのだが、最後にこのセリフを言われると何もかも吹っ飛んでしまう感じがした。むしろ、一三の暖かさに清水の目頭が熱くなることが多々あった。

清水雅がまだ阪急百貨店の洋家具売り場の主任であった三〇歳頃。

経営者であり政治家でもあった松方幸次郎の美術品コレクションを当時管理していた銀行から借り受けて「松方コレクション大展覧会」を阪急百貨店で行った。

松方コレクションにはモネやルノアールなどの有名作品が含まれた。その展覧会に一三も満足げであった。

しかし、一三は担当の清水にある時こう言った。

「一流の画家で展覧会を開くのもいいが、これからの将来を担う若手画家を発掘して、育て上げるのはどうか。若手作家は自分の絵を陳列する場所もなく、また悪徳業者に二束三文で買い叩かれてしまう。一流展覧会と並行して、次世代育成という観点から、将来を担える若手の作品を陳列できる画廊を作って欲しい」

清水は当時洋画の売買を始めたばかりで、国内の展示会の仕組みや若手画家のことなどについてはとんと知見がなかった。

そこで池田市石橋の住吉神社の近くに住んでいた洋画家の鍋井《なべい》克之《かつゆき》を訪ねた。

鍋井克之は、明治二一年（一八八八年）大阪府生まれ。東京美術学校卒業後、フランスに留学。二科賞、芸術院賞受賞。のちに浪速芸術大学教授。著書は画集や随筆など多数あり。大阪の風景や大阪人心を綴った『大阪繁盛記』（布井書房）が有名。

清水は鍋井にことの顛末を全て説明し、協力を乞うた。

鍋井は非常に丁寧に対応した。今後の画家の育成という志に共感したからであった。

そして、鍋井から当時の一二、三人の鍋井の知り合いの画家先生の紹介を受け「春秋会」という会を作り、その先生方が見込みのある若手の絵を推薦するという仕組みにした。

選ばれた絵が阪急の画廊で陳列され、売れたら阪急が手数料を取るという構造であった。新鋭画家にとってとても嬉しい話である。ただ、その先生方は芸術家であり、ビジネスマン同士が話すようには話がポンポンとは進まず、時間がかかっていた。

ちょうどそんな頃、また一三が清水のところにやってきた。

「あの画廊の話はどうなっている」

「はい、いろいろと交渉をしています」

「なに？　画廊一つ作るのにどれだけ時間がかかっているのか！」

と百貨店全体に響くような大剣幕である。

「いえ、鍋井先生のお宅に伺って、若手画家を推薦してもらえるよう話を進めております」

「じゃあ、若手の絵を陳列する画廊の手配はしているんだね」

「いえ、あの……」

阪急百貨店のどこを画廊に使うかもチェックしておらず、どれだけの絵を展示できるように何坪の画廊を作るという準備はまったくしていなかった。

清水は、その後本腰を入れて画廊立ち上げに邁進した。そしてその後二〇年以上にわたって、若い画家たちの絵が阪急画廊に陳列され、後世に喜ばれることになるのである。画廊には無数の絵が飾られ、展示会も数えられないほど行われた。

単に売買をするだけでなく、目的意識を持って仕事をすることが重要だと清水は学んだ。若手を育成し、世に出るチャンスを与えるというような社会的貢献を、どんどん百貨店が進めていくべきだと考えた。大衆のために、社会的意義を考えて仕事に取り組むべきという一三の教えを清水は強く受け止めていた。

一三は、部下育成の重要性をよく認識していて、有望な部下には厳しく指導することがよくあった。

振り返れば、阪急電鉄を立ち上げた時に、一三が失敗したと一番実感したのは、三井銀行という大きな組織にいて、社外に人脈をあまり持っていないことであった。

電鉄事業を始めてから旧知の人間を引っ張ってくることができず、入社してくる人間を育てなければいけなかった。

この経験から、一三は社員教育には極めて力を入れた。

また人こそ組織の財産であることをよく知っていた。

阪急電鉄の大学卒新入社員教育では、一三の「現場主義」が徹底されており、全員例外なく電鉄の現場に配属された。切符切りや清掃などの駅務、車掌業務、運転士業務を経験する。その後もこの伝統は脈々と守られており、現在の経営陣もやろうと思えばいつでも電車の運転ができる経験を積んでいる。

新人は一年間「正大塾」という研修施設で共同生活をして学ぶ。

この研修施設は、以前は一三の住居の近くにあった。ここで共同生活をすることで、他人の価値観を知り、人間力を育み、やがて経営幹部になるための土台を築くのである。

35 正しいことを正しいと言える人となれ

小林一三は、おかしいものはおかしいと言った。上司にも言う時は言った。

福沢諭吉が勝海舟に「痩せ我慢の説」をぶつけたように、一三も反官、反権力の人であった。自分の言葉でこう語っている。

——僕は青年時代から慶應で独立独行ということを教えられてきたのだが、僕の社会生活は即《すなわ》ちそれだ。僕は人にお世辞を言わず、愛想を言わず、いつでも言いたいことを言ってしまうので人

から愛されたことがない――『私の行き方』（ＰＨＰ文庫）

福沢諭吉が、頑なに持論を曲げないのと同じである。

だから、自分の部下が一三にモノが言えないと「意見を言いたまえ」と叱咤した。

「君たちは両目が上向きについているヒラメか」と、阪急の役員たちに言い放った。

部下が言いたいことを言っているようでも、根拠が乏しい時や、理屈が合わない時は、「バカモン」と一三の雷が落ちる。

一三の晩年にいたっては、普段から持ち歩いているステッキで机を「バーン」と叩いた。この迫力に役員たちは震え上がった。

「言いたいことを言いたまえ」

と言われても、勉強家で経験豊富な一三になかなかモノが言いにくい。

黙っていると「何か言え」と叱られ、軽率な発言をすると「なっとらん」と叱られる。期待されている部下たちはほんとうに大変なのである。

「部下に任せないといけない。最初は出来なくても、やらせておけばそのうちできるようになる」

「独立させるのが究極の目的である」

一三は、そういう哲学を持っていた。

部下たちに爆発した夜は、一三はその反面、「また早計に叱ってしまった。自分が部下より先に結論を言ってしまった」と反省するのであった。

もっと部下に考えさせて、時には失敗をさせて育てようと内心思ってはいるのだが、目の前の「浅はかな」意見には、「バカモン」が先に出てきてしまう。

結局、部下は自分の意見をなかなか言わず、一三の顔色を見る幹部が多くなってしまう。

一三と部下とは、勉強量が圧倒的に違うからなのであるが、なかなかその差が縮まることがない。

一三はいつでも何事にも興味を持って、調べ考えることを死ぬまでやり続けた。一生勉強を続け、歳をとってますます知識の大輪が広がっていった。

一三が望んでいるのは、一三が目の前にいなくても、幹部や部下がちゃんと物ごとを進める組織力である。自分で考え行動する。それが独立自尊の組織である。

正しいことをちゃんと主張し、間違っていることはおかしいと言える社員が欲しい。なぜなら、自分がそうだから。嫌われても自分はそうやってきた。

部下が上司に注意をしたり、間違いを指摘したりすることを「諫言《かんげん》する」というが、一三が言うのはこういうことだ。

「社長は間違うことがある。しかし、会社は間違ってはいけない。間違いはゼロにはできないかもしれないが、会社の間違いは少ないに越したことがない。だから、会社のために社長に諫言せよ」

反対に、こうも言う。

「諫言しないのは、自分の身の安全を考えているからだ。自分が間違っていたらその間違いを逆に指摘されるから言わなくなる。これでは情けない。社長の意見と違っても、社長が間違っていると思ったら堂々と会社のために諫言せよ」

確かに、一三の言う理屈はわかるのだが、仕事や人生の経験がずいぶん違えば、なかなか意見が言いにくい。

一三は、こういうことも幹部たちに教えた。

「君たちは、言うべきことをちゃんと部下に言えているか」

教えなければいけない場面やすぐに注意しなければいけない場面で、

「君が言っていることは間違っている。こうしないといけない。理由はこうだ」としっかり言い切れているかと、一三は幹部たちに聞いた。

「はあー、部下が頑張ってくれているので、そこまでは言えていません」

「部下の元気がなくなるといけないので、言い切れていません」

などの答えを部下たちからよく耳にした。

一三はこう諭した。

「自分の部下が間違っている時に、違うと言えないようでは、本当の部下思いではない。嫌な上司だと思われたくないと、自分のことだけを考えて保身をしているだけだ」

続けてこう言った。

「小善は大悪に似たり、大善は非情に似たり」

ちょっとだけ相手にいい顔をするのは、部下のためにならない。

部下を一人前に育てるためには、時には「非情」と思われてもいいから、勇気を持って、間違いをきちんと指摘しなければいけない。

嫌われたくないから言わないのではダメ。嫌われてもいいから、「将来」感謝される上司になれ。

本当に部下を思う気持ちがあれば、言わなければいけない時は、しっかり言うべきである。

役所に対しても手厳しい。

「意気地のない奴ばかりだ。僕らは生まれが銀行で畑が違うけれども、阪急を創立してからでも、鉄道省へも内務省へも逓信省へもヘイコラしたことはない。そのかわりどこのお情けにすがったこともない。どこへ行ったってケチなことは言わない。それで来ているから、どこでも憎まれている」

一三に限らず、福沢諭吉、渋沢栄一、松永安左エ門など多くの明治の経済人が言った。「国営は、経済的でもなく、サービスも悪い。自由闊達で生産性の高い民間企業でないと人が育たない」

戦後にも一三はこう語っている。

「今の日本はサラリーマン重役と官僚がいけない。

サラリーマンは自分の生活と地位を守ることが何よりも大切であり、この考えを克服しない限り、冒険心はなく、失敗ばかり恐れることとなる。

官僚もサラリーマンの弱点はことごとく備えているが、多少とも権力を持つので、サラリーマンより有害である。創意もなければ工夫もない。あるのは責任逃れの事なかれ主義のみ」

下は上にモノを言い、上は下にモノが言える自由闊達な社風を作ろうとしていた。現代のビジネスの世界にもそのまま通じる話である。

36　賢そうな馬鹿

一三は、先輩・先人からも書物からも学び、行動した。そして、自分の部下や後輩にその教えを順送りしようとした。

ここにいくつかその教えを紹介したい。

小林一三が、晩年「小林さんも実行して、他にも勧めたい先人の教えは何ですか」と聞かれたら、必ずこの話をした。

「これは福沢先生からの受け売りの話ですが」という前置きをして話し始める。

Aさんは、風采もよく、頭がよく、論理的で話もうまい。仕事もでき、信用もありなかなかの人物である。その上、品行もよく、どこへ出しても堂々としている紳士である。出世をする素養を十分備えていると思われているのだが、案外出世しない。このような人が世間には多いのはなぜであろうか。

理由は、「自分」というものを持ち出し、「縁の下の力持ち」ができないからだと一三は言った。

そもそも論であるが、見識の高い意見がまさに見識高いとされる理由は、その意見が実行性を伴い、実際に役に立つ意見だからである。

実効性が伴わない意見はいくら見識が高くても、絵に描いた餅と同じであり、興味を引くような内容であっても実際の価値はない。

正論というのは、実行に移して、それが成果や実利を生むものでなければならない。

先に述べたようにAさんには何一つ不足はないが、結果的に不遇で重用されないので、友人たちも心配する。

Aさん本人に言わせると、

「うちの重役は、出来が悪い。Bさんのように何事にもハイハイと盲従するものばかり可愛がるから器が小さい。私のように会社のために堂々と議論する部下は煙たがって遠ざける。このように馬鹿馬鹿しいので、真面目に仕事をする気にもなれない」

というような不平を言い始める。

Aさんが言うことは、全く正論であり、間違いはない。

しかし、Aさんに一つ問題がある。

重役は必ずしも出来がいいとは限らないということである。

頭が良くて賢い人だけが重役ではあるとは限らない。ラッキーな事情があって重役になっている人もおり、普段からその重役の能力や心理状態をよく観察して知っておく必要がある。
Bさんはそのあたりをよく知っているが、ヘコヘコ卑屈に「ご無理ごもっとも」とやっているのではない。むしろ、戦略をもって上司を説得する。この意見をいかにして実行させるかが大切である。

つまり、場合によっては、自分の意見であっても「これは自分の意見です」と自慢げに言わずに「こう言う意見を言う人がいます、このような説があるようですが、本部長のご意見はいかがでしょう」と話の中でこれを紹介する。

賛同を得られたら、「なるほど、ごもっともです。本部長のご意見が良いかと私も思います」と穏やかに感心して、重役の自説として実行すればいい。

こうして成果をあげる。

そういうことが積み重なって重用されて出世もする。一見、自分の意見を持たないように見える人が、異例の抜擢人事を受けたりして、人々はアッと驚くことになる。

こういう人は、そばで見ていると、重役におべんちゃらを言っていると思われるけれども、正しい理屈なので、重役の手柄として実行させる。重役をうまく活用しているとも言える。

これがAとBの差である。

Ａは自説として議論に勝とうとするが、Ｂは議論はどうでもいいと考え「議論は手段であって、目的ではない」と割り切っている。

要は自分が思うことを実行するのが大切なのであり、自説を高らかに掲げるのは目的ではない。

Ａはその才能を人に認めてもらいながらも、会社に長くいられず、いてもいよいよ不平になって不遇になる。

そして、結果的に常に意見を持った賢そうな人が落伍する。そうはならなくても本人が思うほどの活躍の場所が与えられない。そうすると不満が起き、「僕にはＢくんのようにおべっかができないから出世ができない」と文句を言うようになる。

こういう事例は世にたくさんある。

議論の中心となって、活発に名論を吐き、筋道が通っている。それだけ立派な意見があるのに、意外と組織内で大きな仕事をしていないのは、自分が賢いことを売り物にしているからだ。

一三は、これを「賢そうな馬鹿」と呼んだ。

いわゆる「縁の下の力持ち」のできる人とできない人の一つの手本である。

「賢そうな馬鹿」は、相手や周りのことをよく知らない。他人の良い点や長所を見ようとする気持ちがなく、自説だけが正しいと思い込んでいる。

これが行き過ぎると、周りは鼻持ちならない人だと思うようになってくる。

いかに正論を言う人物でも時には失敗をすることがあり、そんな時に待っていましたとばかりに、周りから足元をすくわれ失脚する「賢そうな馬鹿」である。

「自分の見識を自慢したがる小人」と、「成果を上げるのが大切で、自分の手柄は二の次とする大人」の違いである。

一三は、この話をする時に必ず、「お互いに注意したいものである」という注釈をつけて終わる。

少なからず、一三は自分の上司に対しても正論を吐きたがる習性があることを自覚していた。

ちなみに、「縁の下の力持ち」は、一三の師である福沢諭吉の『福翁自伝』にあり、縁の下の力持ちを喜んでするだけの辛抱が必要としている。

37　自分の得意分野を持つ

一三は、銀行時代にも仕事ができる人間も、できない人も見てきた。

ある時、あれこれ学んではいるのだが、どうもパッとしない後輩から聞かれて、こう答えた。

「銀行員であれば、為替なら為替について銀行中の誰よりも知っているなど、自分の得意分野を持つこと。誰よりも知っていれば、君に人が聞きに来るようになる。『～のことはあいつに聞け』という風になってくる。

そういう得意分野があれば、自分の道が開ける。

さらに踏み込んで、一つの銀行にとどまらず、銀行業界の為替のトップになれば、道はもっと広くなる。やがて、銀行家だけではなく他の分野からも迎えられる可能性がある」

現代ビジネスでも言えることであるが、先ずは、自分の得意分野を一つ作ることである。

若いうちは、広い分野を一律に浅く掘るのではなく、狭い分野を深く掘って自分の得意分野を作る。

また、一つの得意分野が確立できたら、次の分野を得意とすればいい。そうやって得意な分野をだんだん増やしていくのがいい。

これらは、まさに一三の実体験から来ている。

伸び盛りの電鉄会社である一三のところに、電力会社や電力を多量に消費するアルミニウムのメーカーからもさまざまな問い合わせや商談がもちかけられた。

一つの分野をしっかり習得していると、製品やサービスが変わっても、一流の仕事は通用すると、一三は言った。

【「便利な人」と「なくてはならない人」】

「なくてはならぬ人」になることはハードルが高いが、それ以前の「便利な人になる」のは、心がけ次第で誰でもできると一三は言い切る。

「平凡主義」と一三は呼び、朝早く起きて三〇分前に出社することがその典型例であるとした。八時が定時とすると七時半に会社に出勤する。

「誰にもできそうなことであるが、一万人いてもこれを実現できる人はほとんどいない」と一三は言う。

朝、家で新聞を読み、雑談をしている時間があれば、その分早く会社に行って机の周りを綺麗にして、そこで新聞を読んでいればいい。

編み物が好きな女性であれば、始業時間になるまで会社で編み物をしていたらいい。理由はこうだ。

どこの会社でも突発案件は起こりうる。

そういう時に、朝早くから職場にいる者にチャンスが巡ってくる。

課長が難題を抱えた場所に居合わせ、できるだけのお手伝いをすれば感謝される。

「C君が急病と連絡があった。代わりに、客先に持って行く資料を五部作ってくれないか。悪いが、よろしく頼む」

こんなことは、どこの職場でもよくある。

小さな心がけで、便利な人や重宝がられる人になれる。

一三は、「平凡主義」は頭で理解することは簡単だが、行動できない人が多いと言った。

次に「なくてはならない人」。

一三はいつもこういった。

「なくてはならない人になるには、まずは信頼を得ることである」

顧客からも、社内からも信頼を得ること。

一三は、三井銀行に入行後直ぐ重役の下働きを通して、様々な経済人や経営者を知り、また偉人の書籍を読み、いかに信用が大切かを学んだ。

「金は失っても、信用は失うな」ということを心に刻んだ。問題に正面から立ち向かって決して逃げないことも信用を得るために必要であると知った。

「私は知りませんでした」

「それは〇〇のせいです」

自分の責任を他人に転嫁することは逃げの典型である。

「今日は雨が降っていたので店の売り上げが少なかった」ではなく、「雨が降っていても」売り上げが取れる店にするのが店長の仕事である。

一三は言動に責任を持つことも信用につながると言った。決めたことを厳守する大切さを学んだエピソードがある。

時は遡るが、岩下清周は、一三がいた三井銀行大阪支社に支社長として赴任してきた際に、時間にルーズな大阪商人に一歩も譲らない姿勢を貫いた。

「俺は次の約束があるから、外出する」

約束の時間に大阪の取引先が現れないと、さっさと出かけてしまう。岩下があるとき一三の席の横を通ったときに、一三は慌てて電話を切ろうとした。

「君、何をしているんだ」

岩下に言われた一三は、大変困った。私用電話がかかってきていたのであった。

「はい、私用電話をしておりました。すみません」

と素直に謝ったが、岩下は
「いや、電話で何をしていたんだ？　約束を変更しようとしていたのではないか」

「はい、確かに」

普段鷹揚《おうよう》な岩下ではあったが、それを聞いてちょっと大きな声を出した。

「いい女から誘いでもあって、もともとあった約束を変えようとしていたんだろう」

「はっ、はい、その通りです」

「それはいかん」

岩下はこういった。

「君はファーストカム、ファーストサーブド（First Come, First Served）を知っているかね」

この直訳の意味は、「最初に来た人から食事などが給仕される」である。

「早く来た約束をそのまま順番に入れていき、一旦決めたら決して変更せずに、そのまま実行する。

相手が偉い人であっても、どんなに楽しそうな話であろうと、後から来た約束は受けない。『申し訳ありません、先約がありますﾟ』と断るべきだ」

相手が誰であれ、約束は約束なのである。

一旦決めた約束事は変えない。

相手も一か月先かもしれないが、交わした約束はちゃんと果たしてくれると信頼する。

岩下は、私用電話を咎めたのではなく、約束を変えようとしている一三を叱ったのであった。

これがまさに人の信用につながる。

38　下足番を命じられたら日本一の下足番になれ

「下足番を命じられたら、日本一の下足番になってみろ。そうしたら、誰も君を下足番にしておかぬ」

という一三の名言がある。

与えられた仕事に情熱を持ってしっかり当たれば、必ず評価され、それ以上の仕事に巡り合えるという意味である。

「門番をやったら門番としてベストを尽くす。計算係をやったら、計算係にベストを尽くすこと。

何事もベストを尽くしてやっていると、自分がその仕事をより立派により大きく発展させるということを考えるようになってきて、いろんなアイデアが浮かんでくる。仕事に対する感覚が鋭敏になってくる」

不本意な仕事を与えられても、一心に仕事をやり遂げようと取り組めば、その仕事の中に次の仕事の新しい芽が出てくるようになる。

晩年、一三はこう語った。

「自分が三井銀行を辞めて電鉄鉄道を始めた頃、今のあり様を想像していたわけではない。会社をよくするにはどうすればいいか、電鉄の沿線を開発するには何がよいかということにベストを尽くして計画を立てて実行してきた。

電鉄の経営を良くするための努力で温泉が生まれ、住宅開発が始まり、宝塚少女歌劇団が誕生し、阪急デパートが出来上がった。

自分の事業は、現状にベストを尽くす結果生まれた」

そう言って、仕事の不平不満を言ったり、仕事にベストを尽くさず上司にうまく取り入ることばかりを考える若手に苦言を呈した。

「自分はそんなことはせずに、ただ一生懸命働いてきただけだ。慶應で独立自尊ということを教えられてきたが、自分の社会人生活はまさにそれである。

人にお世辞は言わず、愛想をせず、言いたいことをずっと言ってきた」
だから、自分は人から好かれたことがない。人に可愛がられないことを自分が知っているので、
自分一人でこれまでやってきたと言う。
先ずは、与えられた仕事に責任を持って、成し遂げることから基本が始まるとした。

39 松下幸之助の独立と理念経営

松下幸之助は庶民の生活を豊かにする電気製品を製造した。

小林一三のビジネスモデルも対象が大衆であり、非常によく似ている。

大食堂でのライスカレーにせよ、百貨店で販売している製品にせよ、大劇場の入場料にせよ、
大衆向けに低い価格が設定されている。

「大衆ビジネスは、利益は厚くはできないが、着実である」と一三は何度も言っている。

後年、小林一三と松下幸之助は大阪財界の会合で何度も出会う。

一三も幸之助も大会社を辞めて独立したが、どちらも大衆ビジネスを目指しており、二人には
類似点があった。

ビジネスにかかわらず、プライベートなことも話し合える。一三と幸之助はお互いよきビジネスパーソンとして敬意を払う関係になった。

松下幸之助が松室正次郎にルナパークで出会った頃、幸之助は配線工事担当者であったことはすでに述べた。

幸之助は、配線見習工として電力会社に入社したが、すぐに熱心さと手腕を認められて担当者に昇格した。その頃、幸之助はソケットの改良を思いつき、試作品も作り、特許庁の実用新案として登録した。有名な二股のソケットである。

「どこかに製造をさせて販売すれば、顧客の利便性が高まると思います」

と上司に提案したが、上司は聞かない。

「当社は電力を供給するのが仕事だ」

「便利な製品を顧客が使えば、電気の消費量も上がります」と言えば

「電燈での電気消費量など知れている」と上司はかたくなである。

あれこれ言っているが、その上司は、新しいことなど面倒くさくてやりたくない。やって失敗してあれこれ言われるより、現状でいいという考え方であった。

このような会社の姿勢に幸之助は大いに不満であり、ソケットをなんとか具現化してやろうという気持ちでいっぱいであった。

そして幸之助は決めた。

「独立しよう。ソケットを作ろう。もし失敗したら、潔く独立を諦めてまたこの会社に戻って配線工をやろう」

当時、幸之助は大阪電燈株式会社で検査委員の地位にあった。すでに井植むめの（三洋電機創立者井植歳男の姉）と結婚していた。手持ち資金は、退職金三三円二〇銭、七年間の積立四二円、貯金二〇円。

幸之助は、大正七年（一九一八年）三月、二三歳で独立し、松下電気器具製作所を創立した。妻を含めて五人の会社スタートであった。

会社創立時の苦しい時に妻が何度も質屋通いをしてその窮地に対応し、住み込みの従業員には直径七〇～八〇センチある大釜を使ってコメを炊いて毎日食事を提供した。その後も艱難辛苦が続いた。

幸之助は電気製品で庶民の生活を豊かにしたいと考えていた。また、電気に関係する産業が伸びると考えていた。電気ソケット、自転車用ランプ、扇風機、ラジオ、テレビ、冷蔵庫、洗濯機、炊飯器、ジューサー、ミキサー、クーラーなどだ。

幸之助の大衆ビジネスの考え方は、水道哲学と呼ばれている。

「水道の蛇口をひねると衛生的で美味しい水が必要なだけ使える。家の前を通りがかった荷物車を引いている人が飲んでも、蛇口の持ち主から咎めは受けない。普通価値あるものを盗めば、咎めを受けるものだが、それは水の価格があまりにも安いからだ」

製品の大衆化には、大量生産と大量販売を可能にする必要がある。当然、価格を低く設定する必要がある。

昭和二七年（一九五二年）松下電器が一七インチの白黒テレビを販売した。第一号機の価格は二九万円で初任給の五四倍もした。昭和二八年からＮＨＫがテレビ放送を開始した。

当時は家庭への普及はまだまだで、街頭に設置されたテレビを集まった人が立ち見するという具合であった。

昭和三四年（一九五九年）の皇太子殿下ご成婚パレードを見ようとテレビが一気に二〇〇万台まで普及した。

石橋の看板屋の松室正次郎は、早い時期にテレビを買っていて、晩年まで自室にテレビを置いていた。

正次郎はあるとき、あるテレビ番組を見てこう言った。

「あっ、この人どっかで見たことあるなあ」

横にいた正次郎の息子の正が答えた。

「松下幸之助さんやんか。松下電器の社長さんで有名な人や」

「えっ、この人が松下電器の社長はんか?」

「知ってるの?」

「会うたことある。あの『松ちゃん』は通天閣の配線の仕事をしてはって、近くのうどん屋で時々顔を合わせた。大阪電燈のパリッとしたジャンパー着てはった。それでも、偉そうにせんと、腰が低くて立派な人や。立派な耳してはるやろ」

正次郎は、松下電器の名前を聞いたり、製品を見たりすると、なんとなく嬉しかった。職種は違っても同じ時代に現場をやったという親近感があった。

松下電器産業(のちのパナソニック)も、徹底した理念経営の会社である。

綱領と呼ばれているミッションがある。

「綱領」

・産業人たるの本分に徹し
・社会生活の改善と向上を図り
・世界文化の進展に寄与せんことを期す

同社にはこの「綱領」の他に、「信条」と「七精神」がある。

「信条」

・向上発展は各員の和親協力を得るに非ざれば得難し
・各員至誠を旨とし一致団結社務に服すること

「遵奉すべき七精神」

・産業報国の精神（産業を通じて国に報いる）
・公明正大の精神（公明正大な心）

・和親一致の精神（共に心を一つにする）
・力闘向上の精神（実力を向上させる）
・礼節謙譲の精神（礼節謙譲の心）
・順応同化の精神（変化への適応）
・感謝報恩の精神（感謝と恩に報いる心）

松下幸之助は「企業は社会の公器」であるとの経営理念を作り、事業を通じて社会に貢献することを実践しようとした。

古くは近江商人や明治時代に活躍した先人たちのビジネスに対する高潔な価値観が引き継がれていた。

小林一三が若者に独立を求める訓話をする時には、幸之助のことを常に引き合いに出した。

「松下君は、立志伝中の苦労人で、一職工から独立自尊の決意のもと、大事業家として成功し、関西財界一の人となった。彼は二三歳の時、大阪電燈株式会社の一職工から独立し、四畳半と二畳の長屋住まい、夫婦共稼ぎで電燈ソケットの家庭工業より出発し、今や電球、ラジオ、蓄音機などあらゆる電気機器製造会社の社長として活躍している」

40　明治の偉人たちの根底にある思想

江戸時代もそうであるが、明治人にとっても儒学《じゅがく》は、身近な教えであり、常識の一部であった。儒学とは、言うまでもなく孔子や孟子の教えが原点である。儒学自体は、仏教より古くから日本に伝わっているが、大きく二つに分かれる。

まず、「朱子学《しゅしがく》」。朱子学はその名の通り、朱子（一一三〇年－一二〇〇年）が孔孟の教えを学問として確立した。中国の「宋《そう》」の時代であり別名「宋学」とも言われる。

上を仰げば「天」があり、下を見れば「地」がある。「天」はいつでも上にあり、「地」はいつでも下にある。身分や上下関係もこれと同じで、生まれてきた時からそのような関係はある。

つまり身分制度を基本とする封建制度には、朱子学が都合がいい。江戸幕府もこれを正規の学問として、幕府の大学とも言える昌平黌《しょうへいこう》でも広く教えられた。

朱子学に対峙するのが「陽明学《ようめいがく》」である。

朱子学に遅れて約三〇〇年、一六世紀に中国の王陽明《おうようめい》が確立したので陽明学と呼ばれる。王陽明は、孔子の教えを整理し、『伝習録《でんしゅうろく》』を執筆した。

儒学の中でも、「仁」すなわち人を想う気持ちはすべての人に対して持たれるべきとした。つまりどんな人でも「良き心（良知《りょうち》）」を持っており、隔たりなく、誰をも愛する心が必要である。つまり、陽明学は、人は平等であるとの思想である。

さらに、陽明学にはもう一つ特徴がある。心に決めたことは必ず行動しなければならないという教えである。

知っているだけではダメ。学ぶだけでもダメ。行動に移さないと本当に知っていることにはならない。これを「知行合一《ちこうごういっ》」と言い、陽明学の要諦である。

「すぅずき君は陽明学というのを知っているかね？」

「名前だけは、はあ」

人柄のいい鈴木基之助は普段から一三に可愛がられている。「すずき」と平らに発音するのではなく、一三はなぜか一番前の「す」のあとに小さな「う」を入れてそこにアクセントをつけて、「すぅずき君」と呼んでいた。

「近江商人というのを知っているだろう。近江の人は、その昔、中江藤樹という偉い人に学んだんだ」

この物語は一三の好きな話で、よく若手に話すことがあった。鈴木は前にも一度一三から聞いたことがあったが、貴重な話でもあるので、初めての顔をして耳を澄ませた。

江戸の初期、岡山に熊沢蕃山《くまざわばんざん》という賢人がいた。

独学で儒学を習得していたが、もっと学びを深めようと自分の師を探していた。師を求めて旅をしていた熊沢蕃山が、たまたま泊まった京都のある宿でこんな話を聞いた。

つい五日前にある飛脚が夕刻その宿屋に客としてやってきた。飛脚は自分が走るだけではなく、大きな荷物の場合は、馬を雇って目的地まで運送することもあった。

その飛脚が宿に到着したばかりで、出されたお茶を飲もうと思った時。

「あれっ、カ、カ、カ、カネを忘れた。馬の鞍の内側にくくりつけたまま忘れてしもた」

叫ぶや宿の外に飛び出していったが、先の馬もそれを連れた馬子《まご》の姿もそこにない。

宿の番頭が、凍りついている飛脚に聞いた。

「さっき返した馬にお忘れですか」

「うーん、殿からお預かりした二〇〇両が……」

声にならない答えで、肩を落としてうなだれるだけであった。そしてこう言った。

「ばかだった。仕事に集中していなかった」

ここに着く前、飛脚は、キョロキョロと馬上から薬屋を探していた。重病の母のために、この旅で薬も買っていきたいと思っていたのがいけなかった。しばらく飛脚は畳の一点を見つめてうなだれていたが、

「もうカネは返ってこない。死のう。死んでお詫びをするだけだ」

その当時は、街道もちょっと寂しくなると治安が悪く、追いはぎや雲助《くもすけ》といわれる輩がよく出没していた。そんな時勢に、なくしたお金が帰ってくることなど考えられないことであった。

ところが、一時間ほどして先ほどの馬子が馬をひいて宿へひょっこり戻ってきた。馬子に気づいた飛脚は、腰を抜かすほど驚き、自分の目を疑った。

馬子は飛脚の顔を見るや、さっとお金を差し出した。

「これ、お忘れものでしょう。中身を吟味してください」

飛脚は、驚いて、お金を見つめている。

「ありがたい。何とありがたいことか」

二〇〇両を確認した飛脚がポロポロ出てくる涙を手で擦りながら、顔を上げると、

「では、わたしはこれで失礼します」と馬子は帰ろうと立ち上がった。

「チョ、チョット待って。チョットだけ待ってくれ、いや、待ってください。お礼をさせてください」

と言って立ち去ろうとする馬子の手を取った。

「殿にこの話をしたら必ずお礼はしたのかと言われるに違いない。この二〇両を受け取ってくれませんか」

感謝で涙の飛脚が言うと、馬子はきっぱりと言った。

「いいえ、受け取れません」

「あなたは私の命の恩人です。では一〇両だけ受け取ってください」

「いただけません。当たり前のことをしただけです。いくら貧しくても人様のものをいただくわけにはいきません。そんなことをしたら村の先生に叱られます。先生から、いつも心が汚れぬようにしなさいと言われています」

そういった馬子の澄んだ目は北東の近江の方の空を見ていた。

「先生?」と飛脚が聞いた。

馬子は続けた。

「酒屋の商売もされている先生は、一生懸命働いたら、お酒を二合でも三合でも売ってくれますが、真面目に働かないと、今日は酒を売らないと叱るんです。ちゃんとしたことなら、先生は私なんかの貧乏人にもお金も貸してくれるんです。この馬を買うときもお金を貸してくれました」

涙の飛脚も隣にいた宿の主人も耳を澄まして聞き入っていた。

「先生は、人様に頼らずに自分で生きて行ける立派な人になりなさい、といつもおっしゃるのです。先生は、こんな仕事をしている私を一人前の人間として認めてくれています。馬子も立派な仕事だ。お客様に喜んでもらって、馬も自分の子どものように愛してやれと、こんな私に、優しく丁寧におっしゃるのです」

涙を流して聴いている飛脚に馬子は続けた。

「先生には、いろんな殿様からお金がいっぱいもらえる仕官の誘いがたくさん来ているようなのですが、先生はここがいいと言って、村を離れようとしないのです」

「その先生のお名前はなんとおっしゃる?」

と宿屋の主人は、もらい涙を浮かべて馬子に聞いた。

馬子は姿勢を正して言った。

「中江藤樹《なかえとうじゅ》先生と言います」

しばらくおいて、飛脚が馬子に尋ねた。

「中江藤樹先生の教えを少しだけ聞かせていただけませんでしょうか」

馬子がこう言った。

「あっしは、難しいことはわからないが、先生は『致良知《ちりょうち》』とよくおっしゃる。人は誰も『良知』という美しい心を持って生まれている。誰とでも仲良くして、お互いに認めあう心があるそうです。ところが、人間は、ついつい自分が可愛いあまりに余計な欲望が湧いてきて、その『良知』が曇ってくる。そうならないように、欲望に打ち克って、『良知』を磨いて、『良知』に従って、『良知』に到らなければならない。それを『致良知』とおっしゃる」

「なるほど、他にあればぜひ教えてください」

飛脚はその話を心に刻み込んでいた。

横で聴いている宿の主人もいよいよ真剣な眼差しである。

「先生は、親孝行をしろといつもおっしゃる。自分たちの心も体も父母からいただいたものであり、先祖からの賜物である。先祖を尊び、親を大事にして、大自然を敬うこと。そうやって良い毎日を過ごせ、と。先生は、若い頃仕官された先から年老いた故郷のお母様のそばに戻るべく、脱藩されたのです。それはそれはお母様を大切にされています。先生をお迎えしたい藩がたくさんあってあちこちからお誘いがあるが、お母様も村人も大切にされるので、どこへもお行きにならないんです」

『孝《こう》』ですね」と宿屋の主人が答えた。

馬子は続けて言った。

「知行合一が大切だと先生はいつもおっしゃる。知っているだけでは意味がなく、行動しないといけない。むしろ、行動しなければ知っていることにならない、とおっしゃる。この度も『人様のお金は返さないといけない』と思うだけではダメで、実行しないといけないと思いました」

「それで戻ってきてくれたのですね、本当にありがとうございます」

と飛脚は溢れ出る涙を手でぬぐって、深々と頭を下げて感謝した。

「あとは、穏やかな顔をして、思いやりのある言葉を発し、澄んだ目で物事を見て、耳を傾けて聞き、相手のことを心底思うという『五事（貌・言・視・聴・思）を正す』ということもおっしゃいます。先生はいつも私を優しく叱ってくれます。私の言いたい事はみんな聞いてくれて、私の目を覗き込むようにして、春風のように暖かく」

飛脚はこれまで聞いたことのないいい話を聞き、体がとろけていくような感じであった。ありがたい言葉を一言も聞き漏らすまいと馬子の顔を見つめていた。

みすぼらしい格好をしたこの馬子はなんという素晴らしい人物なのか。こんな世知辛《せちがら》い世の中にこのような純粋な人がいるのかと目を疑った。

飛脚はこう言った。

「素晴らしいお話を聞かせていただき、誠にありがとうございました。そんな先生を持つ素晴らしい人のおかげで、無事お金が戻ってきたと主人に報告いたします」

飛脚がどうしてもというので、結局馬子は五文だけ受け取り、頭を下げて丁寧にお礼を言って帰っていった。

宿まで忘れ物を届けるために引き返したことで、ワラジがすり減った分だけいただくということになったのだ。

宿の亭主からその話を聞いた旅の途中の熊沢蕃山が、馬子の言う先生が中江藤樹だと知るや、その足で京から近江に駆けつけて弟子入りをお願いした。

これが熊沢蕃山と中江藤樹の出会いであった。

ここまで流れる水のように語る一三自身もこの話が好きで、話しながら悦に入っている。会社の創始者であり大先輩である小林一三の話を聞いている鈴木基之助は、身に余る光栄と感動で胸が熱くなってきた。

41　西郷隆盛が尊敬していた佐藤一斎

一三の話に聞き惚れていた鈴木に「君は確か岐阜の生まれだったね？　佐藤一斎《さとういっさい》を知っておるだろう。岩村藩の」と聞かれた。

「岩村は故郷ですが、存じません」

「えっ、地元で佐藤一斎を知らんのかね。江戸末期の儒学者で、すばらしい言葉をいくつも残しているから、本を読んで勉強しておきなさい」

「ははっ、わかりました」

と答えるのが精一杯であった。

佐藤一斎は、安永元年（一七七二年）岩村藩江戸屋敷の家老の家に生まれた。

岩村藩は美濃を領地とする二万石の小藩であったが、徳川家の親戚である譜代大名であった。岩村藩は、山城で有名である。

城下町はなだらかな坂になっており、今でも坂の両側に並ぶ家々の格子戸や青色の暖簾に統一感があり、昔の風情を残している。

その城下町のあちこちに佐藤一斎の言葉が石碑に刻まれている。また佐藤一斎の言葉のうち二〇〇の言葉が、幅二〇センチ長さ一・二メートルほどの板に墨で書かれていて、城下町の家々の軒先に吊り下げられている。

佐藤一斎は、昌平黌《しょうへいこう》の儒官であった。昌平黌とは、幕府の学校であり、今でいう東京大学のようなところであった。

前述の通り、幕府は朱子学を教えたが、佐藤一斎は、朱子学も陽明学もわかる人材であった。立場上、朱子学としたが、その陽明学の教えは、幕末や明治の多くの人たちに影響を与えた。幕末では吉田松陰《よしだしょういん》や西郷隆盛《さいごうたかもり》、明治では日露戦争の連合艦隊司令長官東郷平八郎《とうごうへいはちろう》や山本権兵衛《やまもとごんのひょうえ》たちである。たくさんの人を育てて、世に送り出した。

佐藤一斎は、「言志四録《げんししろく》」という四冊の書籍を書き一一三三の言葉を残した。

「一燈を提げて闇夜を行く。闇夜を憂うること勿れ、只一燈を頼め」（暗い夜道も自分が持っている提灯一つを頼りにしていけばいい。どんな時でも真の自分を信じて前に進めばいい）

「少にして学べば壮にして為すこと有り。壮にして学べば老いて衰えず。老いて学べば死して朽ちず」（若い時から学びを始めたら、大人になってことを成就することができる。大人になって学べば、年を取っても衰えない。老年に学べば、その人望は死んでも朽ちない）

人は物事を知ると、必ず何らかの行動をしている。

「知る」「判断する」「行動する」は、連続した自然の動きである。

思うだけ、知るだけでは、本当に知っていることにならない。何も行動に移さないのなら、知っていることにならない。「言行一致」という言葉をもっと強くしたとも言える。

福沢諭吉も小林一三も行動力が、すさまじい。

読書家であり勉強家の彼らは、陽明学の起源や陽明学者のことも常識として身につけていた。

わかっていても行動しない部下たちを一三は、叱り飛ばした。

徹底的に調べることは必要ではあるが、有望と思えば、行動に移さなければならない。

思い立ったら、あれこれ迷わず脱兎のように行動するというのが一三の行動に対する哲学であった。

42　淡交のすゝめ

淡交、すなわち人との薄い交わりもいいと一三は言っている。

多くの人は権力に群がり、権力を持つ人に近づきたいと心のどこかで思っている。役員や有名人、議員などに対して、機会があればさらに近づきたいと思う人も少なくない。

反対に、権力を失った人からは、周りの人が海岸の波が引いていくようにスーといなくなる。

大企業で仕事ができているのは会社の看板のおかげであると頭ではわかっていても、実際離れてみると引き潮の速度が半端ではないと感じるようである。

権力があるから近づいていき、無くなれば離れること自体無駄なことではないか。だからそんな虚しい関係を作らず、初めから賢い人は薄い交わりとする。

これが淡交である。

偉い人に頼み事をするのもほどほどにしたい。

社長など権力のある人に「揉み手」で媚びへつらって、平気で自分のビジネスを頼みに行く人が多い。天下国家や正義に関わることならまだしも、自分のビジネスの売り込みだけにそういう人たちの手を煩わせるのはいかがなものか。

こういう人たちはそもそも忙しいし、大きな責任を持って会社を動かしている。顧客、社員、社会、株主などへの重責を負っている。忙しくて責任重大な仕事をしている人には、つまらぬことを頼みに行くものではない。

淡交の解釈は複数あるかもしれないが、もう一つは、相手が重責の地位にいる時こそ、むやみに連絡せず一定の距離を保つ。そしてその人が重責から降りて周りの有象無象《うぞうむぞう》がいなくなってからゆっくり時間をもらえばいい。


独立自尊を考えると、人との付き合い方もべったりしすぎたり、頼りすぎたりすべきでない。

北浜銀行時代に岩下清周がスキャンダルで失脚した時に、多くの人間が岩下から受けた過去の温情をあっさり忘れて知らん顔しているのに、一三は呆れて立腹した。

人間はいざとなると頼りにはならないということを思い知った。人は実に薄情である。

自分は自分の思うことを正々堂々とやることだけが我がいく道であると誓った。

その後、岩下はその大きな人間力で一三を包み込み、一三は岩下の弟子として一歩下がって礼を重んじた。そんな立場の距離感がある「淡交」であった。


また、社会奉仕することは良いことだが、それで自分がつぶれてしまっては意味がないとも一三は言っている。自力で食べていく手段がまだないのに、例えば生活は親に頼りながら、一方で社会奉仕活動をするのはいかがなものか。

時代を少し遡るが、江戸後期の二宮尊徳は「道徳なき経済は犯罪であり、経済なき道徳は寝言である」と言っている。道徳をわきまえない経済活動は罪であるが、自分が食っていけないのに道徳ばかりを振り回すのは寝言のように非現実的である。

これらはまさに福沢のいう「独立自尊」そのものである。

普段の付き合いも同じである。長い付き合いをしたいなら、相手の立場をよく考えて、あまり近づき過ぎず、淡い交わりがいい。そして、礼儀を持って接することである。いやしくも紳士淑女たるもの相手の家に土足でずかずかと上がりこむのはみっともない。

反対もある。

ビジネスで継続した取引ができない場合がよくある。特に、新規ビジネスの場合は、失敗か徒労に終わることも多い。成約に至るまでに、ある瞬間は頻繁なビジネス上のやりとりがあるが、ノーの結論が出た場合などは、連絡が薄くなり、場合によってはそれっきりになることもある。

これは勿体無い話である。せっかくできかけた関係をあっさり諦めるのではなく、細く長い関係とするのがいい。

「淡交をお願いします。細い糸でいいですから、繋がっていてください」とお願いするのがよい。

そして忘れそうになる前に淡い頻度で連絡を取ればいい。

第五章　積極的人生と人材育成

43　一三と正岡子規

小林一三に大きな影響を与えた人物の一人に正岡子規がいる。

子規は、慶應三年（一八六七年）松山生まれ。日本の近代俳諧の祖である。一三より六歳上であり、ほぼ同じ時代を生きた。

子規は、幼い頃から俳句を作り、文学に長けていた。小学校の頃から雑誌の編集発行人となり、周りの人間のリーダー的存在となっていた。自由民権運動が高まる中、子規は立志の念を強くし、中央へ憧れ、松山中学を中退して上京し、帝国大学（現東京大学）に進学した。

その後、明治二五年（一八九二年）「日本新聞社」という新聞社に入社し、その後本格的な俳人として知られるようになる。明治二七年（一八九四年）には、終の住処となる東京の根岸に移り住んだ。そこには子規を慕って、松山の同郷の人が移り住んだ。弟子となる河東碧梧桐《かわひがしへきごとう》や高浜虚子《たかはまきょし》たちである。

正岡子規は、明治三〇年（一八九七年）から「俳人蕪村」を新聞『日本』に連載し、与謝蕪村を賛美。「歌よみに与ふる書」の連載は短歌改革を起こしている。

一三は、子規が書いている新聞記事をずっとリアルタイムで読んでいて、この偉大なる俳人・歌人に感化されていく。

一三は、二〇代の頃に筆をとって自分の俳句を添えて子規に手紙をしたため、新聞社に送った。子規からの返事を受け取った一三は、飛び上がって喜んだ。その後両者は何度か手紙のやりとりをしている。当時子規は根岸に住んでいたので一三は東京根岸様と呼んでいて、自分の俳句を添えて、新年には近況を書き送っていた。

一三が大阪に勤務しているときに、子規が大阪に出張でやってきたとき、二人は初めて出会った。短時間であったが、二人は友好を温めた。

明治三四年（一九〇一年）小林一三は、三井銀行大阪・名古屋の勤務のあと東京勤務となり箱崎倉庫の次席となっていた。入社後半年だけ東京勤務をしたが、その後九年ぶりの東京である。

一三は、子規のいる根岸に行って再会したかった。蕪村や呉春についても話がしたかった。子規の新聞記事もしっかり読んでいたので、子規の意見も聞いてみたかった。しかし、すでに子規は病に伏せっており、子規の家に寄ることはなかった。一三は、憧れの詩人の近所まで遠回りをして何度も根岸にやってきていた。

子規は、大学進学前に喀血しており、日清戦争に従軍記者として遼東半島からの帰りにもまた多量の喀血をした。どちらも真っ赤な血であった、当時は不治の病と言われた肺炎であり、その後脊椎カリエスも発症していた。

自分の病状はわかっていても、若死にしたくない。こんな病気になって口惜しい、やりたいことは山ほどあると思っていた。

病の床の中でも執筆を続け、筆が使えなくなったら口上で内容を伝えた。筆舌に尽くしがたいほど母と妹に身の回りの世話になり、弟子の河東と高浜が毎日のように子規のもとにやってきた。

普段は神も仏も信じない一三が天を仰いで何度もお願いをした。

「神様、どうかこの天才の命を助けてください」

しかし、薬石効なく明治三五年（一九〇二年）九月十九日子規はわずか三四歳で永眠した。その前年に尊敬する中上川が亡くなり、今度は早すぎる子規の死に接して、一三は人生のはかなさを感じた。

文学的を愛する二人ではあるが、その他にもユニークな共通点がある。

正岡子規は、幼名は処之助《ところのすけ》であり、のちに升《のぼる》と改名した。通称「のぼさん」であった。

子規は、運動は苦手であり、他のスポーツには全く興味を示さなかったが、大学時代から野球を愛した。弟子で子規の理解者であった河東碧悟桐は、これを変態現象と呼んだ。子規のポジションは、キャッチャーであった。

ベースボールを自分の幼名になぞって「ノボール」と読み、自分の俳号にも使って次の俳句も作った。これらは、病に伏せっている時に、昔の元気な頃を振り返って詠んだものである。病気がよくなって、野球ができる日を夢見たが、それは叶わなかった。

「夏草や　ベースボールの　人遠し」（子規）

「春風や　まりを投げたき　草の原」（子規）

正岡子規も小林一三も野球を心から愛した。明治初期に野球が好きであった珍しい二人であった。

日本の野球は、明治四年（一八七一年）、当時神保町にあった東京大学の前身である開成学校にやってきたアメリカ人教師ホーレス・ウィルソンが、学課のかたわら教えたのが始まりであると言われている。

日本に「野球の殿堂」というものがある。殿堂入りする人のほとんどは元選手や監督である。しかし、知られていないが、正岡子規も小林一三も殿堂入りをしている。

正岡子規は、「ノボール」から野球という言葉の普及に貢献したことから、また一三は後述するように高校野球の創始者であるほか、プロ野球への貢献が認められ殿堂入りした。ちなみに、日本に野球を紹介したウィルソンも殿堂入りを果たしている。

44　高校野球をめぐる阪急と阪神の戦い

一三は慶應義塾時代から野球に興味を持っていた。

慶應卒業後も野球に対する興味は高く、箱崎倉庫時代の明治三九年（一九〇六年）に慶應三田キャンパスに早慶戦を見に来ている。三井銀行を辞める前年である。

一三は、早慶戦に大いに影響を受けた。なかなか盛大であり、ルールがしっかりして、両軍の選手たちのキビキビした姿勢に感銘を受けた。芝居を見るより、相撲を見るより、遥かにおもしろい、世界で最もおもしろいものではないか、と日記に書いている。

その三年前から早慶戦が始まっていた。早大野球部が慶應野球部に挑戦状を送って、開催の運びとなった。

しかし、一三が見た試合の後、早慶戦は二〇年近くも開催されなかった。理由は明らかではないが、意地の張り合いで早慶戦が実現しなかったことは残念であった。

ちなみに、米国では野球がその半世紀も前から盛んになっていたが、日本で早慶戦が始まった年に、プロ野球のアメリカンリーグとナショナルリーグが正式にスタートしていた。

一三は、鉄道事業を始めてから、野球の夢を実現させることになる。

アメリカでの野球の普及の様子と、自分で経験した野球のおもしろさを重ね合わせて、その将来性を先見したのである。

阪急宝塚線・箕面線ができて三年後の大正二年（一九一三年）、一三は大阪府豊能郡豊中村（現在の豊中市）に豊中球場を作った。梅田から宝塚に向かって石橋《いしばし》の二つ前の豊中《とよなか》駅で、数多くのイノベーションが生まれた。

豊中球場の幕開けに「日米野球戦、慶應大学対スタンフォード大学」を行った。大正初期に米国の大学を招聘して試合を主催したのは大した企画である。

もちろん、大学野球を行いたかったが、先のように早慶は試合をしない。目玉イベントができない。

そこで、一三は、さらに若い学生の野球を考えた。子供達に野球を広めて、それを継続可能な「仕組み」にしたかった。

「若手がスポーツに励むことは大変良いことだ。やるなら全国規模の野球大会を毎年行えるようにしたい」

そう思うようになり、その旨を大阪朝日新聞社に打診した。

その結果、大正四年（一九一五年）の大阪朝日新聞主催全国中学校等優勝野球大会を豊中球場で開催することとなった。これが、現在も続く夏の高校野球の第一回である。

新聞社と組んでイベントを行うことは両者にメリットがある。新聞社は記事が書け、主催者はイベントを新聞で宣伝できる。

梅田から豊中まで、電車に乗って観客が行き来すること自体が、一三の沿線活性化の一案であった。宝塚線開通から、たった五年目のことであった。

真夏の太陽がほぼ真上から降り注ぐ大正四年（一九一五年）八月一八日、この企画がとうとう実現する運びとなった。一三にとっては望外の喜びであった。

記念すべき第一回の全国での予選出場校は七三校、豊中球場での優勝大会本戦には一〇校が参加した。朝日新聞社社長が、羽織り袴で始球式を行った。

抜けるような青空に向かって、今は亡き正岡子規に一三は報告した。

「ノボールさん、中学野球大会がとうとう実現しますよ」

一三は、憧れの正岡子規が若くして他界したことが残念でならなかった。子規が生きていたらどんなにこれを喜んでくれただろう。

「天国で一句ひねってくれませんか」

全国から集まったはつらつとした球児を見て、子規がどんな句を作ったであろうかと一三は想像した。ユニフォームを真っ黒にしてプレーするグランドの選手たちを見ているうちに、感極まってきた。

「やったぞー」

「キャッチャーのあなたも野球がお好きでしたね」

「ノボールさん、ありがとう」

汗と涙が一緒に溢れ出た。

野球が流行ってきたとか、おもしろかったとか感じることは誰でもできるが、それだけではなく、具現化する一三の決断力と行動力が素晴らしい。

球場建設の直接の目的は路線の誘客策ではあるが、単発ではなく、これから長く継続できる全国大会という仕組みができたことに一三はたいへん満足していた。

また、スポーツに興味を持たせ、若手を育成するという社会的意義についても心から嬉しく感じていた。

翌大正五年（一九一六年）、第二回全国中等学校優勝野球大会が予定通り行われた。

全国各地での予選参加は一一五校、豊中球場での優勝大会には一二校が集まった。

関東代表は慶應普通部、大阪代表は市岡中学であり、この二校が優勝を争った。結果は、慶應が六対二で市岡を破り優勝を果たした。

一三は、母校の優勝を眼前で見て、心から嬉しかった。

自分が慶應時代に野球を知り、野球を終生愛した。まだまだスポーツという概念が薄い頃から、青少年に夢と健康をもたらした。

自分の好きなスポーツを全国規模で学生に広げ、高校野球という一世紀も長続きする素晴らしい仕組みを作った。

一三は豊中球場を作ったものの、どこまで全国的な野球大会となるか確信はなかったが、その可能性を信じて、信念を貫いた。

新聞やラジオでも試合の様子が取り上げられるので、イベントへの注目度や認知度が大きく上がり、その意味でも第二回全国中等学校優勝大会もたいへんうまくいった。

ところが、うまくいきすぎて困ったことになってしまった。

予想を上回る人気で、五千人を上回る客が来てしまった。残念なことにこれだけの人数を捌けるだけの電車の本数がなかった。

また当時は「単行《たんこう》」と言って、車両連結をしていない一両だけの運転であり、一度に運べる客数が限られていた。

グランドの観客席も手狭であった。もちろん、売上は目論見以上に上がったが、入場しきれない客を見て一三は悔しがった。観覧席の座席を増やすことができれば、もっと収益を上げることができたはずだ。

ところが、一三が知らないところで宿敵である阪神電車が動いていた。

なんとかして自分の沿線へ誘致しようと、阪神は高校野球のために二倍の入場者を受け入れることができる阪神電車沿線の鳴尾《なるお》球場（現在の兵庫県西宮市）を用意すると、大阪朝日新聞に水面下で接触していた。

大阪朝日新聞もちゃっかりしていて、結局第三回から阪神電車の鳴尾球場で開催することとなった。その後、大正一三年（一九二四年）の第一〇回からは新設された阪神甲子園球場での大会になり、以降「夏の甲子園」と呼ばれるようになった。

阪急が知恵を出した夏の野球大会が、宿敵の阪神にあっさり持って行かれてしまった。企画から実行まで全部一三がやったのに、トンビに油揚げを持っていかれた。

鳴尾球場の話をオフィスで聞いた時は唖然として目の前が真っ暗になった。一三は、やはりクルッと後ろを向いて肩を震わせていた。

その夜は一睡もできず、朝まで怒りの涙にくれた。

ただ、阪神はそれなりの説得材料をもっていた。全国から集まる球児の滞在期間を短くして、費用負担を低減すべく野球場が二面ある鳴尾球場としたいと申し出ていた。

他方阪急は、宝塚線・箕面線の運転開始からたった六年しか経っておらず、資金繰りの問題もあり、十分な対応ができない。一三には実際にこれという対抗策がなかった。これについても情けないと自分を責めた。

「今に見ておれ」と一三は闘志を燃やすのであった。

阪急と阪神の確執はその後も続いた。

45　松室正次郎の喫茶店ホームラン

一三に言われて松室正次郎は石橋に住み着き、彼の伊勢屋看板店は、阪急石橋駅の近くにあった。

一三が伊勢屋看板店にひょっこり現れたのは、冬の寒い日の夕方であった。松室正次郎は飛び上がって、喜んだ。

「これはこれは、こばやっさん、こんなむさ苦しいところへよう来てくださいました」

「石橋はどうですか、松室さん」

「宝塚にも近こうて便利です」

正次郎は毎日のように池田にあった阪急の事務所や宝塚の現場に通っていた。

正次郎が石橋に移ってきて五年が過ぎ、阪急からも仕事をもらい伊勢屋看板店も落ち着いてきた。当時は看板職人を三人と使い走りを数名雇っていた。

ただ、石橋商店街も店舗が増えてきたので、商店街の中にあった看板屋はシンナー臭いとかぺンキ臭いとか近所の店から苦情があった。そんな正次郎の仕事場を一三はちらっと横目で見て、制作中の看板以外は整然と並べられているのを確認していた。そのほとんどが宝塚用の看板だったので、気になっていた。

「ところで松室さん、野球チームを作ったらどうですか」と一三。

「ええっ、野球チーム?」

豊中球場の看板の仕事ももらっていたので、正次郎は一応野球がどんなものであるかは知っていたが、自分たちがやるとは思っていなかった。

「はっ、考えときます」

答えた正次郎は、のちにペンキ職人を中心とした「ブルー・パールズ」という野球チームを作った。名前は正次郎の出身の伊勢の海の色と真珠をイメージした。

「ところで、こばやっさん、私の方から一つよろしいでしょうか。教えて下さい」

「ええ」

「先月、梅田でライスカレーを子供と一緒によばれました。とても美味しかったです。そのあとコーヒーをよばれたんです。珍しいものでしたが、とても美味しいと思いました」

正次郎は続けて

「石橋商店街には飲食店がほとんどおまへんさかい、ここでカフェーをやってみたいんですが、どない思われますか？」

「カフェーねー。石橋から梅田に通う人もこのあたりの人口もだんだん増えてくるだろうから、いいんじゃないですか、お店がうまくいくかどうかは、松室さんの心掛け次第ですよ。お客さんを大事にしたらいい」

「わかりました。おおきに、ありがとうございます」

正次郎はいつものように頭を深々と下げた。

松室正次郎は、伊勢屋看板店の番頭の浜脇正之助に訊いた。

「野球で一番ええのは何や」

「そりゃ、ホームランです」

「ホームラン！」

のちに、伊勢屋看板店を国道沿いの少し広い場所に移動し、商店街にあった元の看板店をカフェーとして新規にオープンした。

当然、自前でデザインして作った看板を掲げた。

松室正次郎が始めた喫茶「ホームラン」(伊勢屋看板店営業所も隣に見える)

「ホームラン」という名前の喫茶店であった。

今回は、一三が名付け親ではなく正次郎が名付けた。

野球に関連する名前がいいと思ったが、「ホームラン」を超える名前は思いつかなかったのでこうした。小林一三が「野球チームを作ったらどうか」と誘ってくれたのが、この名前の所以であった。

正次郎は、看板店をしながら、ささやかにカフェーという新しい商売を始めようとした。一三の多角経営が小さな看板屋の松室正次郎にも影響しているのである。

46　一三、東急を支援する（阪急と東急の共通点）

今の私鉄のクオリティは、全国的に西高東低と言われるが、西の中でも阪急は別格だと言われている。阪急沿線は、路線価値が高く、高級とされている。

令和五年（二〇二三年）の国税庁発表の路線価が上昇しているのは、中心六区と言われる中央区・北区・西区・福島区・天王寺区・浪速区の大阪市内、市内以外では豊中市・池田市・吹田市・茨木市・箕面市であり、すべて阪急沿線である。

「住みたい街ランキング」などを見ても、関東では東急東横線や東急田園都市線の路線価値が高いとされているが、関西では阪急沿線である。

私鉄ファン（鉄ちゃん）や東西で勤務したことのある人は、阪急と東急はよく似ているという。

実は、小林一三が東急や東急関係の住宅事業にもアドバイスをしていたので、結果的に似ている部分がたくさんあるのだ。

大正七年（一九一八年）、日本の資本主義の父と呼ばれる渋沢栄一は、田園都市株式会社を設立し、洗足・多摩川台一帯の開発を進めていた。

田園調布は東京都世田谷区の南に隣接する大田区の最西にある。その西側には多摩川が南北に流れ、多摩川を渡ればお隣の神奈川県川崎市に入る。

ところがこの地の開発に当たっていた当時、鉄道網が整っておらず、利便性に課題があった。目黒から多摩川台に鉄道（荏原鉄道）を敷設する計画を作ったがうまくいっていなかった。

渋沢は側近に相談したところ、関西で住宅開発に成功している阪急電鉄の小林一三の名が挙がり、一三に住宅開発のアドバイザーを依頼しようということになった。

「名前は出さない」

「報酬はなし」

「週末の勤務のみとし、阪急の業務に支障をきたさない」

という約束で一三は渋沢のプロジェクトに協力した。

このあたりは、安田善次郎の「陰徳を積む」を見習ったのかもしれない。

一三の指示のもと実質的に業務を仕切ったのが、五島慶太《ごとうけいた》である。

大正一一年（一九二二年）に東急の前身である目黒蒲田電鉄を運営し、五島は鉄道敷設を始める。大正一二年（一九二三年）に目黒〜丸子間が開通し、電鉄ビジネスは好調な滑りだしとなった。同年の九月一日の関東大震災の影響で焼け出された多くの人が都心から郊外に移ったことも影響した。

大正一四年（一九二五年）、小林一三は目黒蒲田電鉄の監査役となる。
この理想の田園都市はこういう概念で作られた。

「空気がきれいなこと」
「樹木が多いこと」
「一〇万坪以上の都市面積とする」
「都心に一時間以内でアクセスできる」
「電話、電信、電気、ガス、水道、下水道などのインフラが整っている」
「病院、学校などの施設が整っている」

また住宅建設をする上で守るべき条件として以下が「田園都市案内パンフレット」にもうたわれた。

「他人の迷惑となる建物を作らない」

「壁も立派なものとする」
「建物は三階建て以下にする」
「土地面積に対して五〇％以下の建物面積とする」
「建物と道路の間は、道路幅の二分の一以上とする」
「住宅建築価格は、坪あたり一二〇〜一三〇円以上の高級なものとする」

一三が阪急沿線を高級住宅街として売り出していった手法とよく似ている。最終的には、東急田園調布駅の西口を中心として扇状に道路が伸びるモダンな高級住宅街が誕生した。

その後田園都市開発の経営が順調となり、渋沢栄一の四男、渋沢秀雄《しぶさわひでお》は、大阪の池田の小林家を訪れ、感謝の気持ちを伝えてお礼をしたという。

この後、小林一三は五島慶太に慶應義塾の新キャンパスについてアドバイスをする。

一三がかつて寮生活をして学んだ慶應義塾の三田キャンパスが手狭になってきていたので、慶應は第二のキャンパスを物色していた。

誘致には小田急と西武がすでに名乗りを上げていた。

小田急は相模原に一〇万坪を無償提供すると申し出で、西武は小金井に無償で一〇万坪を用意すると提案していた。

五島慶太は、それらを上回る条件で提案をすることに躊躇していた。

一三は、五島にこう詰め寄った。

「いい学校を沿線に誘致することは、いい環境を作ることになり、路線価値を上げる。だから、無理をしてでも慶應を東急電鉄沿線に誘致すべきだ」

それに対して五島は小声でこう答えた。

「小林さん、日吉に七万二〇〇〇坪の無償提供の申し出をしましたが、慶應はさらにその数字に加えて四万七〇〇〇坪を要求してきました。その土地代は、当時の東急の半年分の運賃収入を超えています」

一三は五島の背中をさらに押し、最終的に、昭和五年（一九三〇年）に東急は慶應に日吉の約一二万坪を無償で提供した。

確かに学生や教員の通学通勤で電鉄の売上に多少は貢献するが、それは決してこの投資に見合うものではない。ではなぜこんなに無理をしたのか。

採算を度外視する一三の思いは何か。

これに先立ち、関西でも同じことを一三はしている。

関西学院大学《かんせいがくいんだいがく》（以下関学）の阪急沿線への誘致である。

関学は、明治二二年（一八八九年）、神学部と普通学部とで設立された。その後学科を増設し、高等学部（分科、商科）を設立した。さらに、高等部、文学部、高等商学部ができ、もともとの神戸市灘区の「原田キャンパス」は手狭になってきた。

阪急は、「原田キャンパス」の学校土地約二・七万坪を関学から三二〇万円で買い上げ、新キャンパスである「西宮市上ヶ原」の土地七万坪を五五万円で関学に売るという契約をする。その差額二六五万円は、関学が新しい校舎を建てる費用と大学設置の供託金である。つまり、新しいキャンパスの土地と建物の無料提供である。

いい学校を鉄道沿線に誘致する意味は二つある。

まず、一三が五島に言った路線価値のアップ。

優秀な学生が通う学校が路線にあることは、路線のイメージをあげ、中長期的に見ると富裕層も移り住んで増えてくる。高級な路線は、駅周辺の商業地も豊かにする。

もう一つ。

一三は五島慶太にこう言った。

「人間は常に貸方に回らないといかん」

「はいっ?」

「取引先や人様に借りを作っているだけではいけない。そうではなくて貸す方になるんだよ」

一三は続けた。

「ギブ・アンド・テイクとはよく言ったもので、まず自分から他人様にギブしないといけない。最初に自分がテイクしようとすると、他人様は嫌がって長続きする関係とはならない、わかるだろう、君」

言われた大柄の五島慶太は背を丸めてだんだん小さくなってくる。他方、もともと小柄の一三がだんだん大きく見えてくる。

「一番いけないのが、テイク・アンド・テイクだ。確かに、大企業や役所などには組織の看板をたてに、偉そうにしている輩がいる。そいつらは、いつもテイク・アンド・テイクを考えている。浅はかな奴らだよ。自分だけがいつも勝っていたら、周りがついてこない」

J. W. L. Forster 作「小林一三肖像画」

続けて、

「テイク・アンド・ギブは、そんな奴らよりはマシだが、テイクを先に考えること自体、自分のことしか考えていない。まずは、人様のことを考えて当たり前だろう」

「ギブ・アンド・ギブがいい。見返りを求めず、利他の精神で黙々と仕事をすること」

一三がこういうペースになると、剛腕の五島でもただ聞き入るばかりである。

さらに一三の説明は続く。

「たとえ手元の現金が足らなくても銀行から金を借りても、大学には必要な協力はしないといけない」

そして、一三は貸方に回れと言う話に戻る。

「銀行にも普段から良い付き合いをしておくことだよ。借金がゼロ、貯金もゼロでは、銀行との取引にならない。借金をして、それを貯金するのは金利の無駄のように見えるが、多少の金利を支払うことで銀行との関係構築もできる。そういうことが貸方に回るということだよ」

関学は、昭和四年（一九二九年）に新キャンパスに移り、創立四〇周年事業記念式典で、多くの関係者を前にして、一三に肖像画を贈っている。関学がカナダの画家でフォスターという人に依頼して描いてもらった作品で、現在、小林一三記念館に飾られている。以来、同大学の記念イベントなどでも一三への感謝の念が度々紹介されている。

感謝をされながら、関学の招致は阪急の路線価値を上げ、慶應の招致は東急の路線価値を上げる貢献をした。

47 一三、東京電燈を再建する

小林一三は電力事業にも大きな足跡を残した。

日本初の電力会社である東京電燈株式会社（現在の東京電力）は、二〇社を超える合併吸収を経て企業規模を拡大してきて、従業員は一万人を上回る大会社になっていた。

東京電燈は、従来一〇％の配当をしていたが、昭和五年（一九三〇年）から半減し、昭和八年（一九三三年）には無配に転落した。同時に株式の価値も暴落した。

大正一二年（一九二三年）の関東大震災の被害もあり、過剰設備を抱えた同社は、経営不振に陥っていた。

東京電燈に融資をしていた三井銀行は、小林一三に声がけをして東京電燈の取締役就任を依頼した。もちろん、建て直しに抜擢されたものである。昭和二年（一九二七年）、一三、時に五四歳。

一三が副社長となり、債務整理に目処がつくと、昭和八年（一九三三年）から一三が社長となって企業改革に当たった。まだ、東京に宝塚歌劇劇場ができていない頃である。

特筆すべきは、一三は阪急電鉄社長を現役でやりながら、他社の取締役を兼務していることである。先に述べたように、一三は東急電鉄の前身である目黒蒲田鉄道株式会社への支援もしている。

一三が東京電燈に乗り込んだ時に次のような説明を受けたが、一三にとってはどれも他責の説明としか思えなかった。

「関東大震災の影響でダメージが大きすぎます。震災不景気でどうしようもありません」

「他の電力会社との競合があるので、値下げをせざるをえません」

しかし、現実は次のような理由であった。

「顧客より社内事情を優先する。まず大事なのは社内のことで、顧客は二の次であった」

「事なかれ主義がまかり通って、新しいことやイノベーションに挑戦しない」

「責任体制が明確ではなく、誰も責任を取らない」

「出る杭は打つ。新しい提案があっても受け付けずに、過去の踏襲を優先する」

「社長に物言えない保身主義のヒラメ役員しかいない」

一三は、これらと断固戦った。

慢心した組織の改革ほど大変なものはない。

また、味方がいない改革ほど厄介なものはない。周りの人間のほとんど全部が、先のような考え方をしているからだ。まさに孤軍奮闘であった。

一三は、大企業病を克服しようと、自ら営業所を回り、現場主義、顧客主義を徹底して指導し、社内改革に取り組んだ。

一三は営業を優先し、それまで四カ所あった大型営業所を廃止し、新たに一七か所の効率の高い営業所を作り、営業部隊が動きやすいようにして、お客様本位のサービスができる体制とした。

支店長会議でも次のようなお客さんの声を披露し、厳しく変化を求めた。

「笑顔も愛想もない」

「窓口も不親切である」

「売ってやっているとの態度である」

「ここはその担当ではない。あっちの窓口に行け、そっちに行けと、たらい回しにされる」

営業本位の体制を作り、従業員はすべて顧客第一主義でなくてはいけないことを徹底させた。

また、電気量の消費を上げるという意味から、電球、ラジオなどの電気器具の販売に注力した。電気を売るために、照明具の設置、電気製品の販売勧誘に工夫することが必要であると社内で啓蒙した。また機器を売るにも、お客様の立場に立って考え、お客様に合う製品を勧めることや、製品の修理を早く安くすることなどを奨励した。家庭用の電力売上高はこの間八倍に伸びた。

こういう小口需要の創造の他に、大口需要の創造にも力を入れた。

「鉄は国家なり」と明治の頃から言われたが、過剰電力の大口消費に次世代に有望なアルミニウム精錬の将来性に目をつけた。

アルミニウム生産には、まずオーストラリアなどで採掘されるボーキサイトという赤土をカセイソーダで溶かして、アルミン酸ソーダ液を作り、白色のアルミナを作る。

そして、アルミナを電気分解するとアルミニウム地金ができる。この電気分解に電気を相当食う。一トンのアルミニウム地金を生産するのに、一万五〇〇〇キロワットの電気量が必要となる。よって、アルミニウムは、電気の缶詰とも言われている。

昭和三年（一九二八年）には昭和肥料株式会社（のちの昭和電工）、昭和一四年（一九三九年）には日本軽金属株式会社を設立した。どちらもアルミニウム精錬会社であった。

日本軽金属は、東京電燈と古河電気工業の共同出資で設立され、一三が初代社長に就任した。

他方、東京電燈、東邦電力、日本電力、大同電力などとの電力合戦の調整に注力し、子会社整理や借入金・コストの低減などで企業体質の強化を図り、東京電燈を立て直した。

ちなみに、一時、わが国はアメリカに次いで世界二番目のアルミニウム地金生産を誇ったが、二度のオイルショック後の電気代が上がりすぎて、アルミニウム地金の国内生産自体が終了した。

その後は、中国、ロシア、カナダなど電気代の安い地域で生産される地金を輸入している。また円高が輸入地金の競争力を増した。

東京電燈の再建だけではなく、自分でも電力事業に携わった。

甲州財閥をはじめとする先人が、これからは「明かりと鉄道」の時代であると言っていたことを一三はしっかりと覚えていて、電力事業に大きな興味があった。

電鉄事業の参画の際に箕面有馬電気軌道は、明治四三年（一九一〇年）、三国《みくに》駅の西に神崎川火力発電所を設立し、自社の電鉄事業用以外に淀川以北の電灯電力供給事業者として許可を得ていた。

つまり、電鉄会社が自社の路線運転用に必要な電力を発電するばかりではなく、電鉄沿線の工場や一般民家向けに電力を販売できる許可である。

一三はこの機会を逃さず、行動に移した。

そして、一三が売り出した池田室町《むろまち》の住宅地域などにも電線が張り巡らされ、電気が供給された。

阪急は、人々を運ぶと同時に、沿線各地に明るい照明を供給することとなり、阪急が売り出した郊外住宅地に新しいライフスタイルを提供した。石油ランプよりもはるかに明るい電燈の時代とした。

大阪・京都・神戸の都市においては、公営電力が電力事業を担ったが、結果的に、大阪市内から放射状に伸びる私鉄は、その沿線上に電力を供給することになった。

阪急にとって電力供給事業は、百貨店事業に次ぐ優良事業であり、不動産事業や娯楽事業を上回ることが常であった。電力事業は、一旦配線で繋がってしまうと途切れることのないストックビジネスであり、好不況に左右されにくい。

一三にとって電力事業は大切な事業であった。

しかし、戦争が世の中を歪めてしまうことがある。戦争を有利に進めるために、国家が介入することがあった。

日露戦争前の鉄道事業の国営化は、その最たる例である。自分が監査役をしていた阪鶴鉄道が日露戦争前に国有化され、その行く末を見ていてよくわかっている。

私鉄が各地でバラバラに鉄道事業をしていたら、いざというときの統率も取りにくく、軍事物資や軍人の輸送もやりにくい。また軍の秘密保持という観点からも国営で一本化するのが望ましいのであった。

日露戦争から三〇年も経った昭和一三年（一九三八年）、日中戦争の拡大とともに国家総動員法

箕面有馬電気軌道　箕面駅前の電飾塔

が制定された。国家として総力戦ができるよう、すべての人的・物的資源を政府が統制できるという戦時立法である。

その国家総動員法に基づき、電力国策要綱が決定され、今度は電気事業が統業されるという。

配電統制令により関西配電株式会社が昭和一七年（一九四二年）に誕生し、阪急電鉄の電灯電力部は、関西配電に吸収されることになった。設備や電灯電力部の社員四〇六名も同社に引き継がれることになり、三二年間にわたる一三の電気供給事業はこのような形で幕を閉じた。

一三にとっては思い出深い電気事業であった。

思えば、箕面有馬電気軌道を開業して間もなく、箕面動物園を開園する際に駅前に高さ一〇メートルもある二基の電飾塔を作った。胴体部分は直方体でそこには箕面有馬のアルファベットのMとAが組み合わされたロゴが輝いている。塔のトップは王冠を思い浮かべるような半円状で光り輝き、周りが暗いので、電飾塔の明るさが箕面の駅前で一段と際立っている。

「えらい明るいねー」

子供たちが電気塔を指差して母親に話をしている。

「ほんまに明るい。便利なものができたなー」

大人たちも驚きの色を隠せない。

そんな言葉を聞いて、一三は飛び上がるほど嬉しかった。一三は、菜種油を燃やす行灯、そして石油ランプを経験してきており、電灯は夢のようなものであった。

戦争に備えるということで、電力事業まで統制するのかと一三は半端なく立腹した。

電気事業は、鉄道のように軍人や物資を運ぶことはない。電力の供給は、平時も戦時も関係ない。むしろ、収益をあげている事業を当局が取り込みたいという思惑があったのではないかとも思った。

苦労をして立ち上げた電力事業を持っていかれるのは、大切に育てた子供や部下を取られる思いであった。実際に、部署の人間ごと新会社に持っていかれた。この意味で、一三はこの国策に極めて不満であった。戦争に突き走る政府もそれを煽るマスコミも憎んだ。

立場上、公には言えなかったが、心で泣いていた。

「悔しい。せっかく三〇年もやってきたのに」

心にポッカリと穴が開き、その穴を涙で埋めるしかなかった。

48　サントリー創業者、鳥井信治郎《とりいしんじろう》の「やってみなはれ」精神

明治から大正にかけての劇的な世情の変化からは、今に続く日本産業界の土台となる職業、企業が次々と誕生した。大阪から日本を変えた人物も多い。大和銀行と野村證券を設立した、野村《のむら》徳七《とくしち》（明治一一年生まれ）や、年は少し若返るが、ダイエーの創始者、中内㓛夫《なかうちいさお》（大正一一年生まれ）など。その中から、一三とも関係の深い、サントリー創業者の鳥井信治郎について触れてみたい。

鳥井信治郎は、明治一二年（一八七九）年、両替商の次男として大阪に生まれた。

一三歳で丁稚奉公に出て、薬種問屋で洋酒の調合を学び、その後「鳥井商店」（現在のサントリー）として独立した。

スペイン産の葡萄酒の直輸入を行うが、日本人の口に合わず失敗する。日本人の口に合いそうな調合を考え、「赤玉ポートワイン」を明治四〇年（一九〇七年）に発売した。「鳥井商店」（その後、寿屋を設立、サントリーへ社名変更）は、新聞や街頭広告を本格的に活用した企業である。当時の限られたメディアをフル活用して宣伝をした。テレビ・ラジオはもちろんネットなどないころで、チンドン屋も一つの宣伝メディアであった。

商品告知では商品のイメージを大切にして、商品のネーミングやキャッチフレーズやポスターなどもモダンなものとした。

鳥井信治郎は、洋酒輸入の削減を目指して、大阪府の山崎で国産のウイスキー製造に挑戦した。好調の「赤玉ポートワイン」に安住することなく、試行錯誤を繰り返し、国内初の本格ウイスキー「白札」や「角瓶」を完成させ、日本産のウイスキー文化を根付かせた。

有名な「やってみなはれ」が、その哲学であった。

「やってみなはれ、やらなわからしまへんで」という考え方である。

そもそも新しいことに挑戦するには、覚悟も必要である。

挑戦しても結果がすぐに出ないこともあれば、反対に予期せぬ失敗となることもある。

失敗を恐れてイノベーションできない企業も多いが、鳥井の会社では「やってみなはれ」と多少の失敗を恐れず立ち向かう社風が創業者時代からあった。

実際たくさんの失敗もしてきた。

ただ、「やってみなはれ」にも順番がある。

細心に調査をして、起こりうる場面を想定する。しかし、踏み込む時には、それに賭けて、怯まず前進する。徹底的に食い下がれ、である。

鳥井信治郎は、阪急宝塚線の宝塚終点に近い雲雀丘《ひばりがおか》駅（現在の雲雀丘花屋敷《ひばりがおかはなやしき》）の近くに住み、毎日オフィスのある大阪市内へ毎日阪急電車で通っていた。

小林一三の次女・春子は鳥井信治郎の長男・吉太郎と結婚した。姻戚関係である一三は、昭和二四年（一九四九年）ごろ鳥井信治郎にビールの製造を提案している。

「信治郎さん、日本では大手数社が独占しているが、もっと画期的なビールが必要だと思う」

「画期的なビールですか」

「はい、日本では大手数社が独占していますが、ビールの味に大差があるとは私は思えないです。ドイツでは地方ごとに味が違うと聞いています」

「確かに」

「私も阪急の食品部門で売ります。阪急で直接売れば、中間マージンもいらない。ライスカレーのように安く売れるはずです」

過去にもビール界への参入を何度か検討はしたが、やはりこの段階でも、販売に際して公定価格があることや、阪急とウイスキーの販売網だけでは勝算が乏しく、見送らざるを得なかった。

結局それから一〇年ほどして、二代目社長の佐治敬三が、雲雀丘の屋敷で病気静養していた父鳥井信治郎を訪ねた。

そして、枕元で決意を告げた。

「いよいよビールの製造を始めます」

「ビールに命を賭けるんやな」

「はい」

「やってみなはれ」

鳥井信治郎は、阪急宝塚線雲雀丘花屋敷駅近くに雲雀丘《ひばりがおか》学園を作った。「親孝行な人はどんなことでも立派にできます」が口癖であり、親に感謝し、思う気持ち、すなわち「孝道の精神」を大切にする学校とすることを目指した。

信治郎は、幼い時から母に陰徳の大切さを学んでいた。あの安田善次郎の陰徳と同じ考え方である。「陰徳あれば陽報あり」が鳥井信治郎の信条であり、のちにも寄付や慈善を匿名で惜しみなく続けた。

鳥井信治郎には、吉太郎、敬三、道夫の三人の息子がいた。

長男鳥井吉太郎は小林一三の次女・春子と結婚したが、三一歳の若さで亡くなってしまう。春子は、吉太郎との間の二人の子育てに生涯専念した。春子は苦難にも耐え、人徳が高かったと知られている。

幼い時に母方の親戚の養子となっていた次男の佐治敬三が二代目社長となった。

三代目社長には急逝した吉太郎と春子の間に生まれた長男鳥井信一郎が就任した。

娘の春子と小林一三にこんな話がある。

一三は鳥井家に嫁いで若くして夫を亡くした春子が、不憫でならない。春子の子供たちが大きくなるまで、春子と子供たちをひとときの間、一三夫婦が引き取って子育てに協力したいと春子に申し出た。一三は、親がいない寂しさをよくわかっていたので、そう言ったのであった。

するとどう解釈したのか、春子は非常に怒り、泣き出して、死んでも鳥井家にいると主張した。

そこで、その話は進めることなく、年月が経った。

春子の子供たちも女学校と中学校にあがり、春子が留守をしても大丈夫と聞き、一三は春子がこれまで行ったことのない広島、福岡、長崎への二人旅に誘ったのであった。今までの辛抱と苦労に対する感謝と慰労とを十分に尽くしてやりたいとの親心であった。

一三は、道中春子を慰めてやるつもりであったが、むしろアベコベで、春子の行き届いた随行ぶりに驚き、快活で敏捷な行動は仮に自分の秘書として雇っても満点だと感じた。鳥井家の女主人として実に立派であると驚喜した。わが娘ながら、こんなに賢く偉い女性とは知らなかったので、望外の喜びであった。

旅から戻ってこの話を妻のお幸にしたところ、お幸は涙を流して喜んだ。

子供時代の春子しか知らなかった一三は、可愛い娘が立派な女性に成長したこの喜びがいつまでも続いてくれることを願った。

49　よそ者こそ活躍できる社会へ

大阪はこれら秀才を生んでいるが、大阪で活躍した「よそ者」もたくさんいる。福沢諭吉も大阪生まれであるが、そもそも中津藩（大分県）所属であって、父が中津藩の大阪藩邸に勤務し、そこで生まれた。

福沢が学んだ適塾も大阪にあるが、その塾の経営者緒方洪庵《おがたこうあん》も備中藩（岡山県）出身である。大阪には関係が深いが、「よそ者」である。

大阪商法会議所（のちの大阪商工会議所）を作った五代友厚《ごだいともあつ》は、薩摩藩出身。慶應元年（一八六五年）、薩摩藩遣英使節団の一員としてやはり若い時に欧米に行って学んでいる。阪堺鉄道（南海電鉄）の建設にも尽力した。

よそ者の筆頭が小林一三である。

関西では小林一三は有名であるが、一三が山梨県生まれであることはあまり知られておらず、大阪人であると思っている人がたくさんいる。

他方、一三は、近江商人や大阪商人になりたかったと言われる。

一三は、故郷の母の墓前から灯籠一基と石仏一体を池田市の大広寺《だいこうじ》に移した。韮崎の菩提寺蔵前院の住職に依頼して母の過去帳の戒名に院号を追加してもらい、しばらくは故郷に戻れないとの覚悟をして、故郷への思いを断ち切ったと言う。池田を終の住処と決めたのである。

一三は地域貢献をしたかった。

具体的には、池田を教育都市にしたいと思っていた。のちに一三は、地元貢献で池田市の初代名誉市民表彰を受けることになる。

多くの地元の人たちから尊敬され、池田で一三の名前を知らない人はほとんどいないであろうが、必ずしも一三が願ったように地元の人たちが動いてくれるとは限らなかった。

目先のことしか頭になく、将来のことに関してはどちらかというと「ゆったり、まったり」としている人も中にはいたのだった。

池田に住んでいる阪急のドンが、池田に百貨店を作りたいと提案しても、地元の一部の反対で潰れてしまう。結果、猪名川を隔てた兵庫県川西市に阪急百貨店ができた。

「よそ者」の引け目がある一三は、口には出さないが、そこが残念であった。

街づくりは、目先だけを見るのではなく、先の将来を見越して決断する必要がある。百貨店を過度に意識する必要はなく、小売店なりの差別化ができていれば恐れることもなく、共存共栄ができると一三は思っていた。

現代の話であるが、地域活性化や地方創生には、外の目が必要であり、「よそ者、バカ者、若者」が地方創生をできると言われている。

「よそ者」だからこそ、地元の人が気がつかない良い部分が発見できる。

「バカ者」だからこそ、先入観や先例にとらわれずに、思いついたことをはっきり言える。

「若者」だからこそ、新しい価値観を持ち、新しい考え方ができる。

つまり、今の言葉で言う多様化・ダイバーシティが必要である。外国人と日本人、老若男女の様々な知恵を活用すべきである。同じ目線だけではなかなかいいアイデアが出ない。

ところが多くの場合、同じ地域の人たちだけで、活性化を進めようとしている。志が高く、一生懸命で、常識的で賢いのだが、同じ価値観や感覚を持っているのである。

よそ者に対しては、「我が街を知らない人だから」と距離を置き、バカ者には期待をせず、若者は地域の長老や先輩に無礼なことも言いかねないので仲間に入れないのが現実ではないだろうか。

一三の地域貢献に関する具体的提案などについては、のちに述べるが、よそ者だからこそ、大きな視点から物事を見ることができたのである。

群馬県みなかみ町にキャニオンズというアウトドアスポーツの会社がある。ニュージーランド人のマイク・ハリス氏が起業した会社である。

みなかみには、自然豊かで谷川岳を水源とする利根川が流れている。ご存知の通り、関東圏の水道の源流である。

マイクは、故郷のニュージーランドを凌駕する美しさをみなかみで目にして、ここでラフティングのビジネスを始めた。ライフジャケットを着た人たちがゴムボートで自然の中を川下りするアウトドアスポーツである。

キャニオニングと言って、座布団のようなものを尻の下に敷いて、岩場を水の流れとともに滑り降りるスポーツも手がけている。ここならではのビジネスである。

それを見て、日本人が次々同じビジネスに参入して町おこしに大いに貢献しているが、利根川の自然の実力を発見し、事業化に最も貢献したのは「よそ者」であった。

また、みなかみにはバンジージャパンという会社がある。こちらも別のニュージーランド人が始めた会社である。利根川をまたぐ諏訪峡大橋からゴムのロープを足に巻きつけて、ジャンプする。

当時の地元の常識人からするとどちらも「ありえない」発想であり、ビジネスが成立し、町おこしに貢献するなど考えもできなかった。

それどころか、このような場合、一般論であるが「よそ者」を排斥しようとする動きも出てくる。


地域創生や改革には痛みがつきものである。

そうするには犠牲を覚悟しなければならない。

無駄や不合理があるために活性化していないのであれば、無駄や不合理は取り除かないと始まらない。

例えば、ある観光地にある全部の宿、全部の土産店、全部の飲食店をもれなく幸せにするのはほぼ不可能である。

汗をかいて頑張っていて、結果を出している店はそれなりに報われるべきである。

しかし、サービスのよくない旅館や、ありふれたものしか売っていない土産店や、美味しくない飲食店は、問題点をそれぞれ解決改善しないといけない。努力もしないで、誰かが我が街を創生してくれたらという他力本願では、足を引っ張っているだけである。もしできなければ、残念ながら退場するしかない。

都心で栄えている飲食店街にはそれなりの理由がある。

いろんな店が出店して、実力が足りない店は潰れていって、競争に勝ち残れるものだけが残って栄えている。

一軒も潰れず、全部がそのまま生きながらえるのは不可能である。

もし競争がない仲良しクラブであれば、クオリティーや生産性が上がらず、結局集客に繋がらない。

また、他地域からの参入や新規競合を受け入れない地域もあるようだが、結局地域の魅力を上げることができない。島国根性が地域の発展を妨げているとも言える。

ちなみに、地方創生については、少子高齢化が全国的に進んでいく中、全国のすべての地方が時同じくしてうまく創生することはほぼありえない。

その中でも、競争がある。

進んでイノベーションしていくことができる地方は、「ゆったり、まったり」の地方に先んじて地域創生ができると思う。

そうではない地域は、やはり負ける。

高い危機感を持って俊敏に自ら変わることを行動に移す地方と、「ゆったり、まったり」で遅れをとる地方と、二極化するであろう。

これは地域創生にかかわらず、企業でも同じである。「変化への対応」や「イノベーション」は、先に述べたように「よそ者」「ばか者」「若者」が進めやすい。過去にとらわれず、自由な発想で物を見るからである。また変化に対応するために自らを変化させていける。

反対に、変わらない組織やイノベーションに取り組まない組織は次のような組織であることが多い。

一、競合がない組織……安心感に浸り危機感が希薄である。

二、大会社……新しいことに挑戦しなくても食っていけると思っている。

三、歴史が長い会社……変化による失敗を恐れる。失敗をしたくないから現状維持で満足している。結果、時代や環境の変化に対応できず、金属疲労を起こす。

赤字会社やベンチャーなどは、過去にとらわれず、新しいことにすぐ挑戦する。崖っぷちにいて、あとがないからだ。当然、危機感が高い。

のんびりした気持ちでは改革ができない。

明治維新は日本にとって大改革であったが、これをやり遂げるために、とんでもなく大きな痛みを生んだ。例えば、当時の人口の一〇％にあたる三〇〇万人を犠牲にした。すなわち、武士階級の特権をすべて取り上げ、全員をクビにした。

つまり、改革には痛みが伴うことを理解し、覚悟の上で進めることが必要となってくる。

仲良しクラブでは本当の改革はありえないのであり、改革を進めるなら、繰り返しであるが、「よそ者」「バカ者」「若者」を大切にしないといけない。つまり、ダイバーシティが重要になる。

50　一三が愛した茶の湯と数寄者仲間

当時「数寄者《すきしゃ》」と呼ばれる茶人は、政財界にたくさんいた。

一三は、数寄者である渋沢栄一、益田孝、岩下清周などの時代の企業牽引者いわゆるビジネスリーダーを観察して、ある思いを持っていた。

リーダーには、「技」も必要だが「心」もいる。

人を動かすのは、業界通であったり、仕事の進め方に精通したりの「技」だけでは、うまくいかない。

人間力が高く、人を包容できるリーダーという「心」もなければいけない。

そういう人間力を磨くには、立派な人にたくさん会って意見や考え方を聞くのが一番と一三は考えていた。人から学ぶと言う重要性である。

その一つの手段として茶の湯があった。

晩年の一三は、松下幸之助にこうアドバイスした。

「あなたくらい成功した人は、そろそろお茶を始めたらいかがですか」

「はぁ、私は不器用なものですから……」

「いやぁ、それは関係ないですよ。これという人ともゆっくり茶室で話ができるから絶対おすすめですよ」

そう言われて幸之助は茶道を始めることにした。

一旦やろうと決めたら、幸之助はなにごとも一気呵成《いっきかせい》に進める。

早速、大阪茶道会理事長の裏千家流矢野宗粋と淡々斎宗匠について学んだ。

幸之助はその後すぐ完成した自宅「光雲荘」に茶室「光雲」を作り、近衛文麿や一三らを招いた。

1944年10月　松下邸にて（光雲荘・西宮）
前列右から松下幸之助、小林一三、関一（大阪市長）、近衛文麿

幸之助は、のちに昭和の茶人と呼ばれることになる。

脱線するが、茶の湯について、新渡戸稲造《にとべいなぞう》が、名著『武士道』の第六章の「礼」の中に書いている。その要旨はこうである。

日本人の礼儀正しさは、表面的な品性を保つためのものではなく、物事の道理を正しく尊重することから来ている。お金があるかないかではなく、いかに人として立派かを問うことであり、心の価値に基づかなければいけない。

最高の礼儀とは、人の愛に近く、尊敬の気持ちを持ち、寛容で慈悲深く、自慢せず、自己の利益を求めないことである。礼とはうわべだけではなく、心がこもっていないと礼とは言えない。

その礼の形として、お辞儀や歩き方にも細かい決め事があり、お茶を立てて飲むことも礼儀になった。

茶道では茶碗や茶巾などの使い方にも細かい作法がある。茶道は、精神修養の一つであり、茶室の中で平和と友情を見出すことができる。

新渡戸稲造は、文久二年（一八六二年）、陸奥国岩手郡盛岡生れで、「少年よ大志を抱け」で有名なクラーク博士がいた札幌農学校（のちの北海道大学）の二期生である。

札幌農学校卒業後、新渡戸稲造は「太平洋の架け橋になりたい」という大きな志を持って、アメリカのジョンズ・ホプキンス大学に留学した。

「日本人はなぜ礼儀正しいのか」

「日本人はなぜ君主に忠誠を誓い、年上の人を尊敬するのか」

などと留学中に何人かに聞かれたが、新渡戸は質問に対する答えを持っていなかった。

また日本について詳しいアメリカ人は

「それらは神道なのか、それとも仏教の影響か」

などと質問してくるが、それにも答えることができなかった。

このため新渡戸は、日本人の心や魂について深く勉強して、のちに『武士道』（The Soul of Japan＝「日本の魂」）を書いた。

最初は明治三三年（一九〇〇年）に英語で出版され、のちにドイツ語やフランス語にも訳された。日本語で出版されたのは日露戦争後の明治四一年（一九〇八年）であった。

『武士道』は日露戦争のファイナンスにも一役買う。

日露戦争前に戦費調達のためにロシアも日本もヨーロッパで国債を販売したが、大国ロシアと東洋の小国では人気が格段に違った。敗戦すれば国債は紙切れになってしまう。

当時、国債の販売を担当していたのは、のちの大蔵大臣高橋是清《たかはしこれきよ》であった。なんとか日本の国債を売るべく考えついたのが、新渡戸稲造の『武士道』だった。

日本のことが世界でほとんど知られていなかったので、この本で日本をヨーロッパに紹介しようとして、それなりの成果が上がった。実際に『武士道』は当時の米国大統領のセオドア・ルーズベルトに感銘を与え、ルーズベルトはすべての側近に読ませたと言う。

昨今では忘れ去られている「日本人の美」について学ぶ意味でも世界で活躍する意味でも、現代の日本人にもとても参考になる。

外国に留学しようとする日本人にも、日本を知ろうとする外国人にも『武士道』が役に立つ。

一三はこういうことも知っておいて欲しいと思って幸之助に「茶の湯」を始めるようエールを送ったのである。東急の五島慶太にも茶道を勧めている。

一三は、二〇代の頃から書画骨董に詳しく、四〇代で茶の湯に触れ、茶の湯を通して人生で多くの友人知人を得た。

電鉄事業がうまくいき始めた一三の四〇代半ば、本格的に茶の湯を学び始め茶道具の収集にも力が入ってきた。

また、明治前半は下火であったが、その後茶の湯の名物道具のコレクションが再流行し、これらを眺めながらの茶会がたくさん開かれた。

近代数寄者として、井上馨（世外《せがい》）、益田孝（鈍翁《どんのう》）、原富太郎《はらとみたろう》（三渓《さんけい》）や一三がメンターと仰いだ岩下清周（誠堂《せいどう》）などがいた。根津嘉一郎（青山《せいざん》）や五島慶太（古経楼《こきょうろう》）は、一三とともに美術館という形でコレクションを残している。

一三の永遠の友であった松永安左エ門は「耳庵《じあん》」と名乗った。

一三は自分が還暦を迎えるころから茶の湯の席では「逸翁《いつおう》」と名乗った。

近代数寄者は、従来の茶の湯にこだわらずに、自由な発想をした。

小林一三は、畳に座るのではなく、年配や足の不自由な人でも使えるように、椅子に腰掛ける茶席も作った。

茶の湯の歴史を辿ると、そもそも茶室が狭く設計されているのは、権力者たちがわざわざ狭い場所に会して、遠慮のない話ができるのが目的であった。

明治初期には一旦は廃れるが、これら数寄者がその後、重鎮のコミュニケーションの場として復活させたのであった。

51　一三と池田銀行

昭和の初め、宝塚線沿線では池田の駅前商店街がもっとも賑わっていた。

ちょっとした買い物は隣の駅の石橋でもできたが銀行は池田にしかなく、年末などの買い物には人々は池田に行っていた。

池田実業銀行は、明治四五年（一九一二年）に創立され、清瀧徳兵衛《きよたきとくべい》が初代頭取に就任した。

池田実業銀行の旧本店は、池田駅から国道一七六号線を北上し、猪名川を渡る呉服橋《くれはばし》の先左手に今でもある。

外部の基礎は白い石張りで、窓間の狭い壁は褐色のレンガ風、屋根の部分が白のアーキトレーブ風。どっしりとした重厚さと大正時代のモダンさを感じる総二階建てで、一九七〇年代、八〇年代は、池田市の市民図書館として使われた。

清瀧徳兵衛のあとは養子の清瀧幸次郎《きよたきこうじろう》が頭取に就任し、近隣の銀行を吸収しながら拡大したが、第二次大戦中の大蔵省の勧告により、昭和二〇年（一九四五年）七月住友銀行と合併、清瀧幸次郎が住友銀行の取締役に収まることで、三〇年余りの歴史に幕を閉じた。

これもまた戦争が起こした悲劇であり、一三は立腹していた。

一三には、地元の銀行の再建に強い思いがあった。

池田実業銀行を閉じた清瀧幸次郎は、一三といつも一緒に行動したという。

清瀧幸次郎は、一三の先見性、決断力、行動力などを崇拝していて、一三をメンターとして敬愛していた。

昭和二一年（一九四六年）正月。第二次世界大戦終戦の翌年の一月三日のこと。

一三の誕生日に行われる初釜に建石町の小林家は大勢のお客で賑わっていた。夕方までに何度か入れ替え制で茶席が設けられる。

ちょうど第一回のお客様が茶室に移動した直後で、マントルピースのある広い応接室はがらんとしていた。清瀧幸次郎が、応接の椅子に腰掛けていると「よう、君一人か?」と一三が声をかけた。

「新年明けましておめでとうございます。いつも先生のお誕生日はお天気で結構です」

と型どおりの挨拶をしたところ、一三はこう言った。

「前から君に話そうと思っていたが、池田にはもう一度新しい地方銀行が必要だ。君が中心になってしっかりとした地域の銀行を作って欲しい。地方がさびれて国が繁栄することはない」

ひと呼吸おいて一三はこう続けた。

「お金のいる人に貸さず、預金者にも迷惑をかけた大手銀行にこれからの日本を任せておけない。これからは地方の力が必要だ。君も合併した住友銀行の取締役を退任して、地方銀行を作るんだ。僕も手助けを惜しまないよ」

穏やかな口調ではあるが、清瀧幸次郎の心に突き刺さった。

「私もそうありたいのですが、大蔵省が銀行の新設を認めてくれるでしょうか」

恐る恐る聞いてみたら

「許すも許さないもない。日本には新しい銀行が必要なんだ。いかなる理由があったにせよ大東亜戦争に協力し、そして敗戦し、株主や預金者に迷惑をかけた銀行は、生まれ変わった日本を担っていく資格がない。君、勇気を出してやりたまえ」

明快な意見であった。

まだ敗戦から気持ち的にも立ち直っていない清瀧幸次郎にとって、一三の提案は、まったくの正論ではあるが、自分ができる範囲から遠く及ばないかもしれないと思った。

その後、自分の番が回ってきて茶室に通されたが、一三の話をずっと考え続けていた。

一三の思いは、福沢諭吉の「個人の独立なくして国家の独立なし」と同じであり、地域が発展するから国家が発展するとの信念であった。

その後、清瀧幸次郎が銀行再興を決断したことを報告に来たとき、紫陽花の花が満開の小林邸で、一三はこう言って喜んだ。

「よくぞ決断してくれたね、清瀧さん、嬉しいよ。でも、増資の際には、株主を厳選しなさい。ダメな株主を、お金だけ出してくれるからといって、招き入れてはいけないよ。配当だけが目的だとか、目先しか見えない人たちなら株主になってもらう必要はない。いい株主がいなければ、残りの株式を全部私が引き受けますから」

いくら資本金が必要でも、つまらぬ会社に株主になってもらうことはないと言ってくれ、資本金の不足分は全部一三が引き受けるという約束をしてくれた。

なんとありがたいことか。

心に引っかかっていた心配の塊が、空の彼方に飛んでいった。

清瀧幸次郎は心から感謝をして、一三の目を見た。

「ありがとうございます」と言うのが精一杯であった。

まさに資金調達が問題であったので、不覚にも涙が溢れ出た。

いつもは礼儀正しく冷静な幸次郎であったが、この時ばかりは感情を抑えることができなかった。最初の涙が涙腺の土手を決壊させ、次々と溢れ出た。親子ほどの歳の差があったので、涙を出しても恥ずかしくなかった。

一三は小声で付け加えた。

「大阪に新銀行を作りたいと別の話が来ているが、それには私は関係しない。しかし、僕は君が銀行をやるならなんでも引き受けるよ」

思い起こせば、一三が三四歳の時、箕面有馬電気軌道の資金調達があった。根津嘉一郎や小野金六などの甲州財閥にも引き受けてもらったが、それでももっと大きな出資が必要であった。資本金を集めることができなければ、設備投資の大きな鉄道事業などできるわけがない。

その時、残りの株式を全部引き受けてくれると言ったのが、北浜銀行の岩下清周であった。一三の三井銀行大阪店時代の元上司であり、一三を結果的に鉄道事業に引き込んだ人物である。

一三は心で手を合わせた。嬉しくて涙が出そうになったが、グッと堪えて「ありがとうございます」とだけ言ったのだった。

それと同じセリフを、今度は清瀧幸次郎が一三に言った。

清瀧幸次郎の喜びは、経験者である一三にはよくよくわかっていた。「ウンウン」と頷いて、笑顔で清瀧幸次郎を見つめた。

まさに後世への「順送り」である。

「順送り」とは、先人や先輩が後世にモノや考え方を授け伝えることである。

先人の岩下が素晴らしいのか、後輩の一三が立派なのか、甲乙つけがたく、どちらも見事である。

そして、昭和二六年（一九五一年）、合併されていた住友銀行から池田銀行が独立再開を果たし、清瀧幸次郎は池田銀行初代頭取になり、一三は監査役を引き受けた。戦後、全国で第五番目の地銀誕生であった。

清瀧幸次郎の娘婿の清瀧一也《きよたきかずや》は、東京大学法学部卒業の秀才で名士である。大正一三年（一九二四年）生まれ。松下幸之助と同じく和歌山出身で、和歌山にいた頃から、大阪での一三の活躍を新聞で見たり、人づてに聞いたりしていた。

昭和二八年（一九五三年）、清瀧幸次郎の長女智代子と結婚、清瀧姓となった。

「清瀧という名前が爽やかでいい」と晩年周りに語っている。

一三と清瀧一也・智代子夫妻にはこんなエピソードがあった。

一也と智代子の結婚式の主賓は小林一三であった。昭和二八年（一九五三年）三月一四日は、三月にしてはずいぶん暖かく、抜けるような晴天の日であった。

他の用事があってひょっとして遅れるかもしれないと事前連絡があり、その通り、一三は遅れて会場に現れた。普段は約束の時間に遅れない一三であったが、この日は長引くかもしれない別の用事がその前に入っていた。

清瀧一也は、主賓である一三が到着するまで結婚式の開始を遅らせた。遅れる場合は、最初からそうするつもりであった。

一五分ほど遅れて、一三が現れた。

「遅れてしまって申し訳ないです」

と頭を下げて謝っている。その仕草を見て、気持ちは周りに伝わった。その場の最年長のもっとも偉い人が、何度も何度も頭を下げている。皆の目は一三の動きを追っていた。

主賓席に辿りつくまでそれぞれに謝っていたが、都市銀行から招待された客がいると知ったとたん、「じろっ」と睨みつけた。その目力があまりに強く、周りは緊張した。

少し微笑んだあとボソッと独り言を言った。

「都市銀行はいかん。お金の必要な客にお金を貸さない。とんでもない」

会場は静まり返っていたので、皆によく聞こえた。

「やはりすごい迫力だ」と都市銀行の参加者はぶるっと肩を震わせて縮みあがった。

昭和五五年（一九八〇年）、清瀧幸次郎は池田銀行の相談役となり、専務取締役であった娘婿の清瀧一也が頭取に就任した。

銀行経営に当たっては、清瀧幸次郎の時代の「親切で新しい」という企業理念を忘れずに「奉仕と誠意」と「親切さわやかな銀行」「愛される銀行」を目指した。自分《アイ》から始まる「愛される銀行」を目指し、自立に向かい、地域や世界と共に自他究明して役立ちたいという志を持った。

池田銀行は、その五五周年の社史を「自立自存」と名付けた。

これは設立以来の企業理念であり、福沢諭吉の永遠の想いである「独立自尊」と同じである。

清瀧一也は、パンフレットや冊子の記事や宣伝文句が上手で情報発信の才能が高く、顧客や従業員向けに多くの文章や言葉を残している。

のちに多くの名誉職をこなし、池田銀行の相談役となる。博学の人物であり、池田を愛する名誉市民でもある。

阪急電鉄と池田銀行との蜜月関係は、その後も長く続いている。

バブル経済崩壊で多くの銀行が直面した資金不足の時に、阪急は池田銀行の増資を引き受けた。

その後平成二三年（二〇一一年）年、池田銀行と泉州銀行が合併し、池田泉州銀行となった。

阪急梅田駅を含めた多くの駅に複数の銀行のＡＴＭコーナーが設置されているが、その看板の一番目立つ左上には、「池田泉州銀行」の名前があり、その右側とその下の段にいわゆる大手都市銀行名が並んでいる。これを見ても阪急電鉄と池田銀行の仲がうかがえる。

ちなみに、池田銀行が店頭に貼るポスターやチラシなどに使っているモデルは、ずっと宝塚歌劇団のトップスターである。

52 池田市近代化を後押しした一三

一三は、武田義三《たけだよしぞう》と言う二三歳年下の近江出身の男を応援した。

清水義三《しみずよしぞう》（のちの武田義三）は、明治二九年（一八九六年）、琵琶湖の西側にある高島市の貧農清水卯之助の三男として生まれた。

一五歳で大阪に出て仕事を探し、武田帯芯《たけだおびしん》という帯の中に入れる芯をあつかう店に丁稚奉公する。清水義三は武田帯芯店でまさに裸一貫から商売を学ぶこととなった。

その後、暇を見つけては読書や学問を続けながらも、店の商売に大いに貢献した。

また、武田帯芯店の主人や奉公人を見て、いかに人材を教育することが大切かを学んだ。

清水義三は、帯芯以外に綿糸関連の事業を成功させる。

やがて清水義三の努力と実力が認められ、武田家の養子となり、武田帯芯店を継いだ。

新しい帯芯の工場を池田市の伏尾という場所に作り、小型飛行機で空から宣伝用のビラを撒くという当時では考えられないような斬新なマーケティングを行った。


やがて、武田義三は池田の市政に参加する。

武田義三は、終戦二年目の第一回統一地方選挙が行われた昭和二二年（一九四七年）に池田市長に当選した。それから昭和五〇年（一九七五年）まで、七期二八年にもわたり選挙で実質上対抗馬なしで池田市長を務めた。

普及率九九・五％の上下水道の完備、五月山公園作り、五月山公団住宅建設、図書館整備などに注力し、池田市を教育文化都市にすることを目指した。

武田は、自分が推進したい施策の多くを一三に相談していた。

一三は、電鉄事業やエンターテイメント事業の他に、電力会社や複数メーカーの幹部を務め、日本の産業の現状や将来もさっと語れる知見と経験を持っている。

このような実力者に参謀役として親しくしてもらうことは、大きな後ろ盾を持つことであり、メンターでもあった。また人生のよき先輩として、尊敬していた。

一三は、いろんな会社を見てきているので「よそ者」の目を持ち、物理的年齢とは違う「わか者」の心を持っている。

他方、一三は、武田を高く評価していた。苦労人で、人の言うことにしっかり耳を傾けるし、仕事も良くできる。近江商人であることにも親近感がある。

池田市を教育文化都市にすることは、小林一三の思いそのものであり、その後二人が協力し合っていくことになる。

一三は、後世のためにも美術館や図書館が設立されるべきという考えを持っていた。実際、小林一三や阪急の蔵書が池田文庫となり、一三の茶器や絵などのコレクションが逸翁美術館《いつおうびじゅつかん》に収められている。

ここでも武田は、「先ず人を作ろう。お金は後でついてくる」という明快な方針を持ち、人を育て、リーダーシップを市政に大いに発揮した。

昭和三八年（一九六三年）、武田義三の市長五選の時に、伊勢屋看板店の松室正次郎も池田市会議員として当選した。

松室正次郎は武田義三より二歳年上であったが、市政のベテランの武田義三から多くを教えてもらうこととなった。

一三は池田に移り住んだ頃から地域への貢献を強く意識しており、地元の産業や人々を応援した。饅頭屋、お茶屋、うどん屋、看板屋などに至るまで地元を大切にした。

毎年建石町蜜柑山の自宅で行なう初釜の饅頭もお茶も地元の店から仕入れていた。

一三の家の目の前の坂を下ってすぐ能勢街道に突き当たるところに福助堂という饅頭屋が今

武田義三池田市長（左）と松室正次郎（右）

でもある。福助堂は、天保一二年（一八四一年）創業。

この饅頭屋が小林家の初釜用に年に一度だけ特別に作るのが「雅俗饅頭《がぞくまんじゅう》」である。一三の旧邸「雅俗山荘《がぞくさんそう》」からこの名前がつけられた。

当時は一三の誕生日である一月三日に初釜が行われていた。ちなみに、この茶会は一三亡き後の今の世にも続き、命日の一月二五日に行われている。

こんなエピソードもある。

一三は、晩年のある時風邪を引いて自宅で寝込んでいた。

銘菓創庵　福助堂

そこに阪急のお偉いさんが大阪市内の有名な饅頭屋でお土産を買って一三の自宅に見舞いに来た。

一三は、包み紙を見るや、怒鳴った。

「なんだ。わたしは、地元の饅頭が好きなのを知っているだろう。坂を降りたところの福助堂で買って来てくれ」

その重役は、一三の地元愛を強く感じた。

「隣人や地元の人を思う気持ちがないと、電鉄みたいな仕事はでけへんのや」と思った。

舞台出演者や関係者をねぎらいに劇場に現れる一三は、いつも福助堂の饅頭の大箱を抱えていた。そして人々に一つ一つ手渡しをしながら、「ご苦労さん」と言ってねぎらっていた。晩年になって足が不自由になっても、お

三丘園茶舗

手伝いさん二人に両脇を抱えられるようにして、自宅から坂を下りて饅頭を買いに福助堂によく来たという。

また、一三がこよなく愛した三丘園茶舗の茶は現在でも命日に行われる逸翁白梅茶会でふるまわれている。

話を戻すが、武田義三が第一回の統一地方選挙で池田市長に当選する前に、すでに一三は「池田市を理想的小都会とする私案」なるものを武田義三など周りの人に話し、自分の日記にも書いている。今で言う地域活性化であり、地方創生案である。

「池田市建設要綱」

・池田市は水の都として、猪名川を清流とする

・下水道を整備する
・遊休地には、必要な道路拡張や公共施設新築計画を作る。それでも不要な土地があれば、どうするか決める
・警察署の新築を決める
・元の大阪教育大学敷地を住宅地として分譲販売可能か立案する
・小中学校・女子学校を隣接する地域に確保し、設計する
・映画館を兼用できる市民公会堂を新設する
・図書館ならびに育英事業の新設（これは私が引き受ける）
・回生病院を改造し、完全なる病院とする（阪急電鉄をして引き受けさせる可能性あり）

上記を完備するだけでも住み心地の良い地方の小都会となると一三は説明した。

さらに一三は、戦後間もない状況も加味して、こう続けた。

・猪名川に面する河岸の利用及び建物の建築を研究する
・復員兵も相当いるだろうから、いかに慰労すべきか考える
・失業者に対して仕事を斡旋すべく池田市ができる公共事業を至急考える

・風呂屋と床屋は不足しているので至急増設すること
・公設市場の研究
・理想的住宅の設計（これは阪急に頼む）

武田義三の上下水道事業は、池田が他市に先駆けて完備したプロジェクトであった。それにも、小林一三の熱い想いが大きく影響している。

武田が上下水道事業に取り掛かる前のこと。

池田駅の北にある五月山に桜が満開になり春霞が薄くかかっている頃、思い出したように小林一三は武田義三に言った。

「武田さん、私は春霞を見ていつも思うことがあるんだ」

「はあ？　小林さん」

「明治の初め、ある外国人が日本にやってきた。山紫水明の国のフジヤマと芸者ガールをぜひ見たいと楽しみにしてまさに横浜港に着かんとしている。

船が碇を下ろそうとしている時に、期待に胸を膨らませ、大きく空気を吸い込んだら、潮風とともに不思議な異臭が漂ってきた。陸に霞がかかっているが、この悪臭は何であろうとこの外国人は考えた。上陸した時に彼が感じたのは、やはり異臭であり、それはまさに糞尿の匂いであった。

日本の家は木や紙でできており、客間、台所、玄関、どこも風通しがいい。厠《かわや》の匂いも、その風に乗って、春夏秋冬どこでも浮遊している。家具も衣装も貴金属もすべて糞尿の匂いが染み込んでいる。

我々日本人は、日常のことであるからその匂いに慣れているが、海外から初めて訪れた人間にとっては、まさに外国の匂いである。外遊をしたことのある日本人に聞くと、どこどこの国は何々の香りがするという者もいる。

当時日本全土が糞尿の匂いで充満していた。よって下水工事を成功させることが、近代都市の条件である」

近代国家の第一歩として上下水道の整備を一三は考えていた。

行動力の非常に高い一三は、決断や行動が遅いことが一番嫌いであった。

上下水道施策をさっさと行動に移せとばかりに、カツを入れたのであった。

武田は、上下水道工事のほかに、五月山公園を作り、五月丘、宇保、緑ヶ丘に続々団地を誘致し、人口増加に貢献した。また、幼稚園・小学校・中学校・高校を完備し、高い教育水準を誇った。

武田義三は、のちに池田名誉市民となる。

53　池田を愛した安藤百福《あんどうももふく》

阪急電車宝塚線・箕面線が開通した明治四三年（一九一〇年）に生まれ、池田に住んだ発明家がいた。この人物も阪急電車によく乗り、近所に住む小林一三を尊敬していた。

チキンラーメンとカップラーメンを発明した日清食品の創始者安藤百福《あんどうももふく》である。

自宅は阪急池田駅から南に徒歩五分の満寿美町《ますみちょう》にあり、現在はカップヌードルミュージアム大阪池田がある。満寿美町は、小林一三が住宅地として売り出した室町より一つ東寄りの町である。

安藤百福は、当時日本が統治していた台湾の台南県で育った（生まれは嘉義県朴子市）。幼少期に両親を亡くし、厳格な祖父母に育てられた。繊維貿易事業を起こし、日本本土のメリアスを台湾で売って若い時から成功したのだが、太平洋戦争で事業に失敗し、すってんてんになる。

終戦後の食糧事情は極めて悪く、飢えに苦しむ子供や浮浪者が道路にうずくまっていた。人々は遠い田舎まで買い出しに行き、芋のツルまで食べて飢えをしのいだ。

そんな時代に戦後大陸から復員してきた者などがラーメン屋台を始めると、屋台の前に長い列ができた。

安藤は、それを見て、こう思った。

「衣食住のうちで一番大切なのは食ではないか。食を満たすことで初めて自分が生きるエネルギーが湧いてくる。衣食住ではなく食衣住ではないか」

この状況を見て、三六歳の安藤は「食」に自分の人生をかけることに決めた。

そして、中交総社を設立し、ラーメンと向き合うことになる。

安藤は、「食足世平」（食が足りてこそ世の中が平和になる）など四つの理念を持って戦後すぐ食の会社を創業。次の五つの基本方針を持って、ラーメンの工業化を進めようした。

第一に「美味しい」……美味しくて飽きがこない味にする。

第二に「保存性がある」……家庭の台所に常備できる保存性があるものにする。

第三に「便利」……調理に手間がかからないこと。

第四に「安価」……価格を安くおさえる。

第五に「安全」……安全で衛生的なものにする。

池田駅のそばにある自宅の庭に一〇平米ほどの小屋を建て、安藤は中古品の製麵機を取り付け、日夜研究に没頭した。

小麦粉にはグルテンというタンパク質が含まれており、水を加えてこねると粘り気が出てコシができる。しかし、麺に味をつけるためにスープを加えると、粘着力がなくなりバラバラになってしまう。その加減が難しい。

小麦粉に塩、かんすい、ゴマ油、香辛料などと水を加えてこね、製麺機で圧縮して押し出す。それを高熱で蒸し煮し、スープを噴霧し味付けをした。ついで枠に入れて整形し、油で揚げて完成させた。安藤夫人が天ぷらを揚げている姿を見て、「瞬間油熱乾燥法」という麺を油で揚げる基本技術を確立したのだ。

味もいろいろ研究した。麺の美味しさも大切であるが、スープの味が命と安藤は思った。いろんなラーメンを食べてみて美味しいと思われるものは、必ずスープが美味い。

あるときトリ嫌いであった自分の息子が、母の作った鶏ガラのラーメンを美味しそうに食べたのを見て、チキン味にすることに確信を持った。

西洋でもチキンスープが古くから人気がある。

そして、昭和三三年（一九五八年）についにチキンラーメンが完成する。

「やったー、とうとうできたー」

安藤は小屋の周りを無意識で三周走っていた。

今では、世界中の人が食べているインスタント麺の誕生であった。まさに乾燥麺として世の中に貢献する偉大な発明であった。

そして昭和三三年（一九五八年）、社名を日清食品と変更した。開発を開始して一〇年を超える日々が過ぎていた。

チキンラーメン発売当時から、安藤に目をかけていたのが、味の素の当時の会長の三代目鈴木《すずき》三郎助《さぶろうすけ》であった。

昭和三五年（一九六〇年）に日清の高槻工場にふらっと現れ、「工場を拝見できますか」と安藤百福に尋ね、興味を持って端から端まで見て回った。

「チキンラーメンは、必ず成功して大市場を作りますよ」

そう笑顔で安藤を励まし、その後も何度か工場にやってきた。売れ行きがどうかと何度も尋ねて、工場に対する様々なアドバイスもくれた。

ある時、味の素の会長に安藤はこう聞かれた。

「アメリカでチキンラーメンが売れていると聞きますが、現地生産はしないのですか」

「生産はやろうと思えばできると思いますが、それだけの量を売るルートがありません」

「弊社は長年米国市場で食品の販売をしているので、販売面でご協力できます。私どもと一緒に合弁会社を作るのはいかがですか」

味の素は、今からおよそ一世紀以上も前の一九一七年から米国に進出している米国市場での大先輩である。日清としてもアメリカの食品小売店や食品卸に顔のきくメーカーと組むことは大きな利点があった。

結局、日清の単独での米国進出ではなく、日清が六〇%、味の素二〇%、三菱商事二〇%の「アメリカ日清」と言う合弁会社を設立し、日清が製品を提供し、味の素が販売を主に担当した。

そして、この米国進出が次の大発明につながる。

安藤が米国に出張した際に、米国人バイヤーが安藤の目の前で、チキンラーメンを二つに割って紙コップに入れお湯をかけてフォークで食べて味見をしている。

「そうだ、この国にはドンブリがないのだ」

そう思った安藤には、次の目標が明確になった。

「ドンブリがなくても、容器に入れ替えなくても食べられるラーメンは世界に売れる」

欧米視察の帰りの飛行機で、キャビンアテンダントが配ってくれたマカデミアナッツの入った円形のアルミ容器もヒントになった。直径五センチ、高さ二センチほどの容器であった。紙にアルミニウムをコーティングした蓋で、容器をぴったりと密閉していた。容器に入った乾燥麺を密閉しないといけないのだが、これは使えると思った。

カップは発泡スチロールを使ったが、発泡スチロールの匂いが鼻につくという問題があった。発泡スチロールの匂い以外にも、麺の量、かやくの入れ方、大量生産化など課題は多数あったが、このような製造上の問題をクリアし、新工場にも多額の投資をし、昭和四六年（一九七一年）にカップラーメンを日本国内で発売した。

しかし、流通市場からの反応は冷たかった。

「立ったまま食べるのは行儀が悪い」

「インスタント麺、袋麺が二五円の時代に、一個一〇〇円は高い」

などと言われて、問屋ルートには従来型と全く違うライフスタイルへの提案を受け入れる柔軟性がなかった。イノベーションや変化への対応の結果生まれた新商品に対する理解がなく、熱心に売ってくれそうな問屋の意欲も感じられなかった。

そこで、従来ルートには見切りをつけて、売れるようになるまで安藤は独自ルートの販売戦略を考えた。

歩行者天国が始まったこともあり、若者たちが大勢銀座にあふれていた。そこでカップヌードルの試食販売をすると、大いに当たった。時同じくして、マクドナルドも歩行者天国でハンバーガーの成功を収めていた。

そして、メーカーと共同開発してお湯が出る自動販売機を三万台ほど生産した。官庁、病院、学校などに設置すると、そこでは爆発的に売れた。

昭和四七年（一九七二年）二月の浅間山荘事件は、長時間にわたりテレビで実況中継され、ピークではＮＨＫと民放を合わせて九〇％近い視聴率があった。浅間山荘事件は、連合赤軍が長野県軽井沢の浅間山荘に人質を取って、立てこもった大事件で、犠牲者三名と負傷者二七名を出した。

事件発生から機動隊突入の事件解決まで十日間、ほとんどのテレビ局が特別番組として実況生中継した。その時に、厳寒の中で機動隊員がカップヌードルを食べている姿が放映され、販売に火がついた。

これまで冷たかった問屋ルートが、日清に売らせて欲しいと申し出て、ようやく通常ルートの流通に乗った。

安藤百福は、発明家でありイノベーターである。

年頭の挨拶を色紙に書いて、年度方針として社員に共有した。漢字八文字が多いが、それらは、先人の言葉の引用ではなく、自分自身が考えた漢字熟語である。

台湾生まれであり、中国語も堪能であるかもしれないが、日本語でも企業方針を自分の言葉で毎年作れる経営者はそうそういるものではない。


「和協前進　信頼責任」

「細心大胆　油断大敵」

「臨機応変　円転自在」

「育成良風　刷新社業」


このように見てわかり易い標語を昭和三二年（一九五七年）から平成一九年（二〇〇七年）年まで毎年筆で書いて、年度目標とした。流れるように、かつ伸びやかに、わかり易い草書体で描かれており、全てが現在もカップヌードルミュージアム大阪池田に展示されている。

安藤百福は、平成八年（一九九六年）に池田市の名誉市民となった。

小林一三が初代名誉市民で、安藤百福は一一人目である。

54　グローバリゼーションと明治人

わが国は、歴史上、近代に至るまでに主に中国や朝鮮半島から言葉、宗教、政治、経済などを学んで日本固有の文化に多くを取り入れてきたのはご承知のとおりである。

これらは日本文化の醸成に大きな貢献を果たしてきたが、鎖国下の江戸時代においては世界の先進国に遅れをとり、日本が政治や経済面で世界に影響を与えることはあまりなかった。

しかし、明治時代の学びは、日本を世界レベルまで持ち上げる勢いであり、わが国にとって本格的なグローバリゼーションの黎明期であったといえる。

明治政府は、富国強兵・殖産興業を掲げ、欧米列強に負けない国づくりを目指した。

その施策の一つとして、海外に派遣団や留学生を送り、海外からの専門家を多く招聘した。先に江戸時代に福沢諭吉が三度海外に学んだことを紹介したが、明治になってからも続々と留学生や使節団を海外に派遣した。

日本をよく知るある外国人は、明治と現代を比較してこう表現している。

明治は、「Weak Organizations, and Strong Men」。

現代は、「Strong Organizations, and Weak Men」。

明治は、政府や学校などの組織は弱かったが、人が強かった。

現代は、組織は強いが、人が弱い。


明治時代は組織的ではなかったが、人間の器が大きい。

現代は、組織はしっかりしているが、人としての器が小さい、ということである。

外国人にそう言われるのはとても悔しいが、まさに要点を言い当てている。

本書に登場した日本人たちは、スケールが大きく勤勉で人間力の高い明治人である。

日本が急速にグローバル化できた大きな理由に、やはり「緊張感」があった。

改革が進むのは緊張感が高い時であり、緊張感がなく漫然としている時に起こりにくい。

そういう緊張感の高まりが明治のグローバリゼーションの躍進の背景にあった。


明治維新を日本の第一次グローバリゼーションと定義すると、第二次グローバリゼーションは、第二次世界大戦直後となる。

大戦で都会のほとんどが焦土となった我が国は、一刻も早く立ち直る必要があった。

食料も産業も何ら満足なものはなく、国全体が食っていけない状態であった。

第二次大戦後、日本も電気製品や車の輸出で、国際貿易をして外貨を稼ぐことに精一杯頑張った。残業も厭わず、有給休暇も取らず、大企業から中小・零細企業に至るまで、がむしゃらに働いた。

戦前、戦中を知っている人たちは、ろくに食べるものがない、敗戦という初めての経験をして、このままだと日本は生き残れないという危機感を持っていた。

外国市場を勉強し、必要な技術も取り入れた。「安かろう悪かろう」という製品づくりから世界をリードする高品質の製品づくりへと変貌を遂げた。

松下幸之助の会社もその牽引役として貢献した。

そのおかげで、ＧＤＰも米国に次いで世界二位となり、グローバルな成果を上げた。

第一次のグローバリゼーション時代は、日本が植民地化されるという危機感があり、第二回のグローバリゼーション時代は、食べものがないという危機感が背景にあった。

明治維新後、開国してみると悪いことばかりではなく、明治人の努力と富国強兵・殖産興業という方針のおかげで、結果、人口は四倍に増え、国力は大いに増した。第二次大戦敗戦で焦土となってしまったが、戦後世代の勤勉と頑張りのおかげで、今の時代はまた豊かになった。

しかし、その後「ゆったりまったり」がまた始まったのかも知れない。

そして第三次グローバリゼーション時代が一九八〇年ごろから始まる。

世界的にインターネットを始めとする情報革命・通信革命の時代である。同時にアメリカやヨーロッパの優良会社がいわゆるグローバル化して世界的に活躍を始めた。

黒船こそ来ないが、グローバル企業が世界中を闊歩し始め、日本国内では、銀座にも梅田にも田舎の街にも現れた。

ところが、日本は一九九〇年代までの「ゆったりまったり」の時代から「バブル崩壊」に引き込まれていく。世界全体が情報革命や通信革命に成長を遂げている時に、失われた二〇年と言われるように、「お休み」をしていた。

食べものがないという危機感はすでになく、鎖国状態のようなマインドに逆戻りしていた。しかし、開国しているので、外国のグローバル企業がどんどん入ってくる。

今度は日本に「見えない黒船」が来航している。

通信革命で世界のボーダーがなくなり、しかも、目には見えないが、黒船同様「大砲」を持っている。

「大砲」とは、グローバル企業の「理念経営」であり、どの国でも優秀な人間を採用し、教育できる「ダイバーシティ」重視の戦略である。

内閣府統計によると、平成六年度（一九九四年）の我が国の第一次産業（農林水産業）は、GDP構成比（名目）で、二・〇％、第二次産業（鉱業・製造業・建設業）三一・〇％、そして第三次産業（その他）は六七・〇％。二〇年後の平成二六年（二〇一四年）は、第一次産業一・二％、第二次産業は二四・九％、そして第三次産業（その他）は七四・〇％である。

第二次産業は日本が割合得意な分野としても、ネスレ、P&G、ジョンソン&ジョンソン、アップル、シスコ、オラクルなどのメーカーが日本で優秀なグローバル企業として成功を収めている。

第三次産業の中の二〇年間の変化を見ると、情報通信産業は三・五％から五・五％へ、サービス業は一五・九％から一九・八％へと伸びている。

第三次産業に占める海外企業のシェアはどうだろう。グーグル、ヤフー、フェイスブック、マイクロソフト、スターバックス、外資保険会社、外資系銀行、外資系証券会社などが日本で大きなシェアを持っている。日本のIT会社もそれなりに頑張っているのだろうが、ネット上のサービスのほとんどが西欧のものである。

明治の初め、機関車からレールまで全部輸入して鉄道を敷設したが後に国産品に変わった。そのような国産化はまだまだである。

このような新しい黒船に今さら「お帰りください、これから鎖国をします」とは言えない。そうではなくて、日本がグローバルに進出していかなければならない。世界に通用する技術や組織を作っていかないといけない。

明治人が勇気を持って世界に飛び出したように、今こそ日本は世界に飛び出す必要がある。

晩年の小林一三もそう言っており、後輩の松下幸之助にもハッパをかけた。この二人がもし今生きていたら、間違いなくその重要性を指摘しているだろう。

55 ダイバーシティとビジョナリーカンパニー

グローバル企業は、文化や歴史が異なるさまざまな市場のニーズを掴み、また世界の異なる拠点を持って製品やサービスを提供している。

同様に異なる文化や考え方を持つ従業員を世界的に同じゴールに持っていくには同じ目標が必要である。先のグローバル企業などは、企業のミッションなど大きな目標を世界的に従業員が共有している。

反対に言うと、ミッションや目標が明確であれば、どこの国の人間でも、男女差や年齢差にかかわらず採用できる。よって強いグローバル企業でいられる。つまり、企業のグローバリゼーションとダイバーシティは表裏一体の関係であり、グローバル企業になるにはダイバーシティの実践が必要である。

日本発の真のグローバル企業も増えなくてはいけない。

単に海外に店を出して、日本人を派遣したり、輸出入をやったりというのではない。

世界に向けた製品やサービスを日本に限らず世界で生産販売する。そこに勤務する従業員は、国籍・性差・年齢その他にかかわらず同じ価値観や目標を共有し、全体最適を考えた組織とする。

グループの会社がバラバラに機能しているのではなく、最も良い施策が常にグループの会社に共有されていなければいけない。

ところで、日本は世界の潮流や変化に対応していっているだろうか。もちろん、中には世界をリードしている会社もある。しかし、グローバル化という環境変化に危機感を感じておらず、日本全体が今も「ゆったり、まったり」としているのではないだろうか。

先に述べた海外のグローバル企業の「見えない大砲」は、具体的にはこのような武器である。

（一）「理念経営」

世界中の支店や支社の社員が同じ目標を持って働く。「企業理念、価値観、行動規範」などを共通として言葉に落とし込む。それが世界中の社員の判断基準や行動の規範となる。会社の憲法を全世界の社員が共有する。

（二）「知識マネジメント」

グローバル企業内で知識や経験を効率的にシェアする。優れたグローバル企業は、世界規模で支店や支社の知識や経験をお互いに伝えあう。例えば、ある企業のロンドン支店での経験をニューヨークでも東京でもシェアする。グローバル企業は、世界中の拠点を結んで絶えずカンファレンスコール（電話会議やビデオ会議）を行っている。

多くの日本企業の海外支社では、本社の意向は伝わってくるが、海外支社間の知識や経験はそれほどシェアされているとは思えない。むしろ、ロンドン支店はAさんのやり方、ニューヨーク支店はBさん流などと属人的になっている場合が多い。

（三）「多様な人材の活用および多彩な知恵の活用」

グローバル企業はダイバーシティを重要視している。

他方「日本丸」はいかがであろうか。もちろんグローバルに健闘している企業も中にはあるが、そうではない会社がほとんどではないか。

昨今、グローバリゼーションという言葉が頻繁に使われるが、グローバルな感覚や視野でグローバルに議論できなければいけない。

まず自分がどんな考え方を持っているか知っていて初めて自分の言いたいことを伝えることができる。こちらは相手のことを聞きたいが、相手もきっとこちらのことを聞いてくる。自分の国や社会が何を考えているか知っておかなければいけない。グローバルに付き合うには、相手個人のことも相手が属する国や社会のことも知っておく必要がある。

つまり、自分が属する国や地域の経済、歴史、地理なども勉強しておく必要がある。自分や自国についてのアイデンティフィケーションがなければ世界という舞台で活躍することはできないのだ。

危機感という言葉は、もはや死語になってしまったのであろうか。

新渡戸稲造が日本人とは何かを『武士道』に書いたように、我々も自分のアイデンティフィケーションについて考えておく必要がある。

繰り返しであるが、小林一三や明治の多くの実業家は、自社のあるべき姿や進むべき方向を明確にして社是や店是を作り、それを組織内に浸透させ、納得させ、実行してきた。

現代流でいうと、まさに理念経営であり、長年にわたるビジョンの実践である。

経営学の父と呼ばれるピーター・ドラッカーは、「自らの目的、使命はあるか」と問うている。

「自らの目的」とは、「事業の目的」であり、他社との違いが明確であって「存在意義」があること。つまり、事業の目的を明確にすることである。その目的についてこう言っている。

「企業の目的は一つしかない。顧客を創造することである」

小林一三や松下幸之助は、「顧客第一主義」とドラッカーが言う何十年も前から同じことを言っている。

一九九〇年代に『ビジョナリー・カンパニー　時代を超える生存の原則』（ジム・コリンズ／ジェリー・ポラス著、山岡洋一訳、日経BP社）という本がよく売れた。

ビジョンという志高い基本理念を持ち、未来志向で、進歩的で多くの会社から広く尊敬を集め、大きなインパクトを世界に与え続けている企業のことをビジョナリー・カンパニーと呼んでいて、次のポイントがある。

ビジョナリー・カンパニーが「個人」ではなく「組織である」こと。属人的ではなく、組織的とも言える。いかに優れたビジョンや能力を持っているカリスマであっても、個人は、いつかはこの世を去る。

しかし、ビジョナリー・カンパニーは違う。商品やサービスのライフサイクルを超えて、またカリスマの一生をはるかに長く超え、ずっと繁栄し続ける。

ビジョナリー・カンパニーには卓抜した回復力があり、どんな逆境にあっても、組織として立ち直る能力がある。

「時を告げる人よりも、時計を作る人の方」が重要とも言う。

時を正確に言える人がいれば確かにすごいが、時計を作ることができれば、誰でもがその能力を発揮できる。会社もそれと同じである。

偉大なカリスマリーダーより、ビジョンを持った企業を作るリーダーが必要である。

カリスマ的なリーダーに人が惹かれるのではなくて、成長していく優良企業に有能な人材が集まってくる。

有能な人を育てたり、優秀な人材が引き寄せられたりする組織を作るべきである。

利益の追求は基本理念遂行の手段でしかなく、ビジョナリー・カンパニーは永続的基本的理念、価値観、目的意識がある。

つまり「自分たちは何者で、何のために存在し、何をしたいのか?」という考え方である。崇高な志を持ち、自分たちのためだけではなく同僚、組織、顧客、社会のために徳を持って尽くすことが必要である。

ビジョンは企業によって異なるので、十人十色でいい。ただ、理念を掲げているだけではなく、基本理念を社内に深く浸透させることが重要である。

ビジョンを浸透させる重要性を小林一三は何度も語り、社内で実践に移した。

松下幸之助の松下電器（現在のパナソニック）では今でも、毎日の朝礼で理念を唱和し続けている。

どの企業でも共通して必要なのは、時代の変化に対応して変わり続け、イノベーションを続けること。基本理念を実現する手段は変わってもよいし、むしろ変わり続けるべき。基本理念以外のすべての分野で変化と前進を強く促し、基本理念を維持するためにも変わることが必要である。

ビジョナリー・カンパニーとは、綱渡りのような難しい戦略を立てて、決して間違うことのない、最善の選択を取れる天才的な企業ではない。

そうではなくて、大量のものを試し、たくさん失敗し、うまくいったものを残すことが大切である。しかし失敗を恐れず果敢に挑戦し、失敗から学び、失敗を許容し、失敗させるだけの権限を社員に与える勇気を持っている。

著書『失敗学のすすめ』（講談社文庫）や『回復力』（講談社現代新書）で有名な畑村洋太郎氏は、「日本人は失敗を恐れ、失敗を恥じ、失敗を隠し、失敗から学ばない」と手厳しい。

ビジョナリー・カンパニーの経営陣は基本理念を強く信じ、会社をリードしていくことが大切である。

競争に勝つことは第一目標ではない。自分自身に打ち勝つ、つまり自己満足を戒め、絶えず向上する事が大事である。安田善次郎が大切にした「克己堅忍」である。

ビジョナリー経営は理念経営である。理念経営のゴールは、「全員が生き生きと働き、常に危機感を共有し、高い永続力を持つ会社」である。

そのために、〝会社が目指す目的と大切にする価値観＝企業理念〟を明らかにし、全員で共有して、その実現を追求していかなければならない。

かかるビジョナリー経営を行うメリットは以下のようなものがある。

・ビジョンが明確であるから、経営者が意思決定で迷わない
・上司や部下の意見が違う時でも、ビジョンに戻れば迷わない
・目標が明確であるから、従業員はそれに沿って自発的に働く
・社内の意思が一つになり、大きな力を発揮できる
・成長期にも危機感を持っているので、イノベーションが進む
・顧客や社会から理解され支持される
・新規求人者から見て会社方針が明確なので、人材獲得に有利である

理念経営の実践は、外国から突然やってきたわけではない。

二五〇年以上続いている長寿企業は世界で三社に二社が日本の会社である。

たまたま、体系化されておらず、理念経営やビジョナリー・カンパニーという言葉がなかっただけであった。小林一三や安田善次郎や松下幸之助は、カリスマ性と高い情熱を持った創始者であったが、それぞれ自社のゆく道やありたい姿を考え、理念を作り、理念を経営に反映させてきた。

また、「企業理念」の文言も永遠に変えてはならないものではなく、時代の変化に柔軟に対応すべくそれらも「変えるところは変え」、「変えないところは変えない」、つまり「不易流行」とすべきである。

蛇足であるが、地方自治体にも明確な理念が欲しい。

米国やオーストラリアの地方自治体のホームページを見ると、わが町の「ミッション・ビジョン・バリュー」が明確である。また、自治体のそれぞれの部署でも「ミッション・ビジョン・バリュー」を掲げている。

日本でも多くの企業が、これらを掲げるようになったが、これらを掲げている地方自治体は極めて少ない。何が大切で、どのような方向に進むかを明確にする必要性があるのは、企業も地方自治体も同じである。

そのような方針がないと、全方位外交で、なんでもかんでもやらないといけない。地方自治体がデイリーワークだけで「てんてこまい」になり、新しいことに挑戦することや、選択と集中をすることができない。

さらに、多様な価値観（ダイバーシティ）が大切と言い出している地方自治体があるが、そうなのであれば、「ミッション・ビジョン・バリュー」のような指針がないと、一致団結して仕事を進められない。

小林一三が生きていたら、グローバル企業のあり方を研究して、このような助言をしていたと思うが、いかがであろうか。

56 歳をとって開いていく人

歳をとって開いていく人と、しぼんでいく人がいる。

若い頃はほとんど差が出ないのに、歳を重ねていくと、活き活きしている人と元気がない人の差がぐんぐん広がっていく。

開いていく人は、何事にも興味を持って人の話に素直に耳を傾け、書物を読んで勉強を続けている人である。

しぼんでいく人は、人の話を聞かず、勉強もしない。

聞いても聞き流すだけで、行動をしない人もいる。本書で何度か「知行合一」に触れたが、実行しないのは知っていないのと同じである。

周りの年配の人や先輩をよく観察すると、開いていく人としぼんでいく人の差がわかる。

その違いは、体力の違いも多少はあるかもしれないが、単にそれだけではない。基本的に、考え方や行動力が違う。

開いていく人は「明日から何をしようか」と将来を語る。

しぼんでいく人は「昨日はどうだったか」と過去のことをよく話している。自分が企業戦士でいかに貢献したかなどを、懐かしげに誇らしげに語る。

開いていく人は「今から〜する（肯定形）」と言い、しぼんでいく人は「今さら〜しない（否定形）」と考える。

現代的に言うと、「今からスマホを使おう」という人と「今さらパソコンは勉強しない」という人との違いである。

明日を中心に考える人は、明日が大事だと思うから、出会ったことのないことや経験したことのない課題に対しても、積極的に取り組もうとする。将来や次世代のことを考える。

昨日を中心に考えている人は、昨日が美しいのだから、新しいことにそんなに熱心にはならない。変化に否定的で、イノベーションをあまり考えない。将来や次世代のことにも熱心ではない。せいぜい今をどう生きるかにしか興味がない。

後世のことを考え、町おこしのために積極性を持つ人たちと、自分が生きている間の自分たちの無事を願う人たちの違いである。

一三は、誰が見ても「歳をとって開いていく人」である。

一三は、日々読書で新しいことを学び、常に物事に興味を持ち、イノベーションを考えて行動した。

一三の生涯の友である松永安左エ門は晩年、「青年は明日を思い、老人は過去を憶《おも》うとするならば、自分は青年のつもりである」と言った。

二人の「わか者」の気が合うはずである。

百金買駿馬
千金買美人
万金買高爵
何処買青春

「偶然の作」屈復 作

「百金あれば駿馬が買える。

千金あれば美人が買える。

万金あれば爵位も買える。

しかし、どこに行けば青春が買えるのであろうか」という意味である。

この中国の詩を一三は逸翁自叙伝の結びに引用している。晩年の一三はなによりも若さや青春が欲しいという。これは正直な気持ちであろう。

歳を取ると過去のことをよく思い出したり後悔したりする。若い頃の功績や出来なかったことに、センチメンタルに思いを巡らす。

今から若さをもしもらうことができるなら、

「あれもこれもやってみたい」

と思うだろう。

しかし、一三は違う。若さは欲しいが、やり残したことをやるのではない。

なぜなら過去の案件でやり残したことは思いつかない。勝手気儘に言いたいことを言い、やりたいことをやってきた。

そうではなく、毎日新しいことに忙殺されている。むしろ、これからやらなければならない案件が山とあり、毎日案件が増えてくる。

「働けばよい、それから先は運命だ。まず朗らかに清く正しく働くことが我が一党のモットーだ。サァついて来い、意気地ない若い奴よ」

という心持ちで毎日を過ごしている。このような気持ちでその日その日を送っているから、今も「青春時代」であり、それが理想と思っていた。

サムエル・ウルマンの「青春の詩」が有名である。

第二次大戦終戦後の一九四五年九月二七日に昭和天皇が、日比谷の占領軍総司令部にダグラス・マッカーサー元帥を訪問、二人が並んで写真を撮られた執務室の壁に掛けられていた詩が、この「青春の詩（Youth）」である。

マッカーサー元帥は、友人からこの詩を贈られ、座右の銘としていた。作詩者のサムエル・ウルマン氏は、当時は全く無名であった。

「青春の詩」

（邦訳　松永安左エ門）

青春とは人生のある期間を言うのではなく心の様相を言うのだ。

優れた創造力、逞《たくま》しき意志、炎ゆる情熱、怯懦《きょうだ》を却ける勇猛心、
安易を振り捨てる冒険心、こう言う様相を青春と言うのだ。
年を重ねただけで人は老いない。
理想を失う時に初めて老いがくる。
歳月は皮膚のしわを増すが情熱を失う時に精神はしぼむ。
苦悶や、狐疑《こぎ》、不安、恐怖、失望、こう言うものこそ
恰《あたか》も長年月の如く人を老いさせ、
精気ある魂をも芥《あくた》に帰せしめてしまう。

年は七十であろうと十六であろうと、その胸中に抱き得るものは何か。
曰く驚異への愛慕心、空にひらめく星晨《せいしん》、
その輝きにも似たる事物や思想に対する欽仰《きんぎょう》、
事に処する剛毅な挑戦、小児の如く求めて止まぬ探求心。
人生への歓喜と興味。

人は信念と共に若く　疑惑と共に老ゆる
人は自信と共に若く　恐怖と共に老ゆる
希望ある限り若く　失望と共に老い朽ちる

大地より、神より、人より、美と喜悦、勇気と壮大、
そして偉力と霊感を受ける限り人の若さは失われない。
これらの霊感が絶え、悲歎の白雪が人の心の奥までも蔽《おお》いつくし、
皮肉の厚氷がこれを固くとざすに至ればこの時にこそ
人は全くに老いて神の憐れみを乞う他はなくなる。

晩年の松下幸之助が「青春とは心の若さである」とあるインタビューで紹介し、この詩が一躍有名になった。

古くは、佐藤一斎はこういった。

「肉体には老若の差があるが、心には老若の差がない。気力には老若の差があるが、正しさを求めて努力する志には差がない」

57　八三歳、最後の演説

一三が八三歳の昭和三一年（一九五六年）も忙しい年であった。

二月一六日　株式会社新宿コマ・スタジアム設立、社長就任
三月二一日　宝塚歌劇団二〇名と共にハワイ公演に出発、四月二二日大阪帰着
四月二日　株式会社梅田コマ・スタジアム設立、社長就任
一一月三日　池田市初代名誉市民に表彰される
一一月一六日　梅田コマ竣工
一二月二八日　新宿コマ竣工開場。午後一時に開場式
一二月二〇日　上京
一二月二九日　東宝年忘れパーティ

一三は、一二月二九日東宝劇場の地下食堂で「東宝年忘れパーティ」に出席した。「東宝年忘れパーティ」には、東宝社員や劇場関係者が所狭しと詰めかけている。

一三はその場にいた俳優の森繁久彌《もりしげひさや》と池部良《いけべりょう》から一言ステージで喋って欲しいとお願いされた。

パーティの進行役である東宝専務の森岩雄は、一三の体を案じて、短い挨拶だけをしてもらって、早くお帰しすることを考え、ステージに一三をエスコートした。

会場にいる全員がステージ中央にゆっくりゆっくり小幅にすり足で歩みを進める有名な老人を凝視していた。この老人を初めて見る社員も多い。その一挙一動に注目し、会場にはセキ払いの音しか聞こえない。結局、一三はステージに立ったまま二〇分もの演説をすることとなった。

「皆様にもたいへん辛い思いをさせたと思いますが、東宝の再建も皆様の努力の賜物で目鼻がついてきました」

一三の事業も順調ばかりとはいかず、特に劇場事業は艱難辛苦の連続であった。その前年の一〇〇〇名以上の人員整理には、さすがの一三も心を深く痛めた。そういう苦労の結果ようやく再建の目処がついた。一三は社員に礼を言った。

「本当にありがとう」

そして、若手社員の方を向いて、優しく同時に力強くこう続けた。

「今の若い人は本当に幸せです。苦労をいとわず働けば必ず幸せになれます。東宝の若い諸君にも同じことが言えます。努力をすれば東宝は日本と共に立派になり、諸君の腕の見せ場が多くなってきます」

紅潮した顔は年齢を思わせない。声のボリュームも次第に大きくなり、ステージ上の小さな一三がだんだん大きく見えてくる。

森専務は、一三が愛用のステッキをステージ下に置いてきたのが気にかかって仕方がなかった。ステージ上の一三のところに持っていくべきかどうか。すぐ挨拶が終わるならいいかと思ったが、盛り上がっているところにノコノコとステージに行ったら、「大事なところで何をしとるんだ！」と叱られかねない。

会場は、一三の一言一言を聞き漏らさないように静まりかえっている。偉大な創始者でありグループの最高指導者を尊敬する想いが会場全体に張り詰めている。

「同時に東宝は、働く人に対して頼り甲斐のある会社になります。どこで働くより東宝で働くことが誇りであり、物心両面《ぶっしんりょうめん》から報いられることが最も多いと諸君が知る日が来るのを確信しています。会社の経営者はそうしなければならないし、そんなことは訳なくできることです。今年はお骨折りをどうもありがとう」

心から一三はお礼を述べた。

自分の気持ちを素直に語った一三は、食堂の天井を揺らさんばかりの大拍手を受けて、ステージをゆっくりと降りた。社員の暖かい拍手に一三は感動した。

「つらい思いをさせた」という一三のお詫びに、満場の社員が大きな拍手で「大丈夫ですよ。私たちは立派に事業を育てていきますよ」と応えていた。社員は大きく首を縦に振りながら割れんばかりの拍手を送った。社員は皆、感動している。

特に劇場の現場担当の女性社員たちは皆、ボロボロと涙を流した。

劇場に何度も足を運ぶ一三から「元気かい」といつも声をかけてもらっていた。偉大な創始者が、最前線の現場の一人ひとりを思ってくれていた。

社員からの愛情あふれる拍手の中、一三は自分の席に戻って飲み物を飲んで一息ついた。しかし、まだ一三の方を見て気遣う多くの参加者の視線を感じて、一三は立ち上がった。

ざわつき始めていた会場いっぱいの人々は、一三がゆっくりと立ち上がるのを見ると、また静かになり、一三のために出口まで道を開ける人の壁ができた。人の壁は心から感謝の拍手を送っていた。

社員はこの偉大な老人を愛し、敬意を表し、一三に声をかけた。

「ありがとうございます」

「どうぞ長生きしてください」

一三は、皆に会釈を返しながらゆっくりと静かに会場を出て行った。一三は出口で振り返ってお辞儀をしようと思っていたが、それができなかった。溢れる涙を見られぬようそのまま出口を通過した。両肩がピクピクと引き上がっていた。

東京での最後の後ろ姿である。大きな背中であった。

昭和三二年（一九五七年）の元旦は抜けるような晴天で、気温一四度という暖かさであった。阪急、宝塚、東宝、阪急百貨店関係の重役がひっきりなしに一三の自宅に来訪し、新年の挨拶をしていった。一三は太平無事で満足のいく元旦を過ごした。

翌日は大勢の親戚が家族年賀に集い、一三はこう詠んだ。

「七返る酉《とり》の高鳴く御慶かな」

「初鶏や七返る日の元旦や」

明治六年酉年生まれの一三は満八四歳となり、七度目の年男が巡ってきたという意味である。八四歳まであっというまであったが、七度目の年男として正月を迎えることができて大変満足のいく正月であった。

翌日一月三日は、一三の誕生日であり、恒例の誕生日初釜である。午前一〇時頃から夕方五時まで一〇〇名近い来客があった。

その正月にNHKは、前年一二月に録画しておいた「新春放談　小林一三VS松下幸之助」を放映した。

NHKは、その四年前にテレビ本放送を開始していた。朝鮮戦争の休戦が成立した年であったが、原子力潜水艦ノーチラスの試運転、ビキニ環礁での米国の水爆実験など、社会情勢は混沌としていた。

「明けましておめでとうございます。おいくつになられましたか」

という松下幸之助の第一声に「八五歳です」と一三はキリッと答えた。当時は数え歳で言うのが普通であった。

一三はシングルのスーツで、松下幸之助はダブルのスーツであった。

二人は世界情勢を語り、日本の行く末を語った。

「いろいろ問題はあるのでしょうが、大阪は東南アジアの国々に近いという地の利を生かして、過去の占領政策ではない自由貿易などのビジネスを考えるべきかと思います」

一三は大阪の将来を応援して、グローバルビジネスの必要性を語った。

松下幸之助は、こう語った。

「アメリカやカナダでは、資金や技術だけでなく、なんと人まで外国から取り込んでいるようです」

と多勢の優秀な人材までも自国に受け入れていることにも触れた。続けて、

「これからはこういう流れが世界で進むと思います。日本もこれからは世界に目を向けていく必要があります」

と幸之助もグローバルビジネスの重要性を述べた。

そして、若い人たちへのメッセージを幸之助から聞かれて、一三はこう答えた。

「私は今後の日本を決して悲観していません。目の前の問題に負けないで、いい社会を作って欲しいと思います。きっといい国になります」

続けて、

「若い人には平凡なことを忠実にやっていただきたいですね。学校を出たばかりの理想の高い青年は、平凡なことをわかっていながら軽んずることがあります、平凡の非凡というのを知って欲しいと思います。平凡なことを忠実に繰り返していくことで信頼を得る。そこがスタートです」

そう次世代にエールを送った。

勉強家で経験者の二人は、それぞれ考え、悩み、行動して、結果時代の流れを読んでいたのである。現代の我々も先を読んでいく必要がある。それには、歴史も知っておく必要がある。時代時代で、必ず伸びていく分野があることも歴史が教えてくれる。

この新春テレビ放送を伊勢屋看板店の松室正次郎がたまたま自宅で見ていた。石橋の家で子供や孫たちが、新年を祝っていた最中であった。

「こばやっさん、お元気やなあ」

正次郎が言えば、息子の松室正が、

「これからは世界に向かって行かないかんと言うことや」

と言い、テレビ番組がすんだあとは、松室家の賑やかな正月に戻った。

忙しい新年の行事が多少落ち着いた一月二四日。

風邪気味のお幸夫人は一三より先に二階の自室で床に入っていた。

一三は午後九時ごろ床につこうとしたが、急に胸が苦しくなってきた。隣に住んでいる息子の小林米三が駆けつけたが、一三は同日午後一一時四五分に亡くなった。病名は急性心臓喘息。

一三にとっては、引退の「イ」の字もなく、これからやるべきことが山とあると思っていた。バリバリの現役のまま、寝込む事もなく亡くなった。

「やりたいことができた」満足感が高い人生であった。一生、人に甘えず独立自尊であった。その分、部下には独立自尊を厳しく指導した。

葬儀は、本人の遺言の通り、宝塚大劇場で宝塚音楽学校葬として執り行われた。

一月三一日、粉雪まじりの冷たい雨が降る中、四、〇〇〇人もの会葬者があり大劇場を埋め尽くした。この日梅田周辺のタクシーはみな宝塚に向かって行ったので、梅田の街にはいなくなったと言われた。宝塚の沿道のたくさんの土産店も一斉に店舗を閉じて喪に服し、宝塚温泉から大劇場に至る一帯には黒白の鯨幕が張られた。

いつもは色華やかな大劇場の舞台であるが、当日は純白布を背に、白のカーネーションが飾られた。舞台正面には直径四メートル近い白菊の花輪の中に遺影が飾られた。遺影から左右の舞台の袖までぎっしりと宝塚音楽学校生三一〇名が黒紋付に緑の袴姿の正装で並ぶ。この日は全員お化粧なしのすっぴん顔であり、涙を浮かべている。

メイン舞台から客席側にあり一段低くなったオーケストラピットには、宝塚交響楽団が控えている。オーケストラピットの外側にある「銀橋」と呼ばれる幅六〇センチぐらいの渡りステージはこの日は使われていない。

ベートーベンとショパンの葬送行進曲で厳かな音楽葬が始まった。読経の後、石橋首相の弔事を平井郵政大臣が代読し、その後当時のトップスターである天津乙女《あまつおとめ》が歌劇団を代表して挨拶した。

「私たちが慈父のようにお慕い申し上げておりました小林先生が、突然お亡くなりになり、今はただ悲しみばかりが先に立ってお悔やみ申し上げる言葉も出てまいりません。

宝塚の生みの親であり、今日まで大きく宝塚を育てて下さいました先生にお別れしてこれから私たちは一体どうして生きていってよいのでございましょう。毎月の舞台に立って私たちは客席でご覧になっていらっしゃる先生が拍手をして下さるお姿に喜び、舞台を励む力といたしてまいりました。そして、いつまでも私たちの伸びていく姿を見守って下さると信じております。……いつまでもお導きください。……ご冥福をお祈りします」

弔事を涙ながらに読み上げる声のほかに舞台や会場から嗚咽する声が聞こえた。

その後、小林一三に捧げるべく、一三自作の「紅葉狩」「お田植」「雛祭」からの往年の名曲が披露された。三鈴寿子の「雛祭」の静御前の謡い、春日野八千代が舞う姿は会場から殊更の哀れを誘っていた。そして、舞台の全員と客席の卒業生、先生も共に「校歌」を歌い、一分間の黙祷をして終了した。

この日、満席の宝塚大劇場の中で「ロの二三番」だけが空席であった。一三が常に座っていた特等席である。前から二列目のほぼ中央の席であり、銀橋で演技するスターから座席にいる一三の顔がよく見えたそうだ。

この壮大な音楽葬への会葬者の一人に松室正次郎もいた。

松室正次郎の白髪頭を一三の教えがゆっくりと一つ一つ巡っていった。

正次郎が伊勢から出てきて、一三に出会った時、「石橋に引っ越してきて、自分の商売を始めたらどうですか」と言われた。優柔不断な正次郎に

「自分の長所を伸ばしなさい。自分の思った絵が描けるかどうか、実際に東海道を旅してきたらどうですか」

一三にそう言われて、ひとかどの画家ぶって、富士山を描く機会にも恵まれたが、結局そんな実力は自分にはなかった。一三には最初からお見通しであった。

「やるなら、伊勢屋と名乗りなさい」

伊勢商人は立派な商人であるとも一三に教えてもらった。

「信頼が何よりも大切だ。松茸の番を頼むよ」と言われて、六甲山に松茸ドロボウの番に出かけて行ったのがつい昨日のように思われた。

正次郎は、白い菊が包む舞台の上の一三の遺影を見ながら手を合わせた。

「今の私と伊勢屋があるのはこばやっさんのおかげです。長いこと走り続けた人生、お疲れ様でした。ゆっくりお休みください」

といつものように深々と頭を下げた。

正次郎の斜め前方の席に神妙に座っている同じ年頃の人物がいた。白髪頭がきれいに七・三に分けてある。前を向いたうちわのような耳を見て「あれっ」と口に出した。

正次郎が四〇年も前に出会った松下幸之助であった。

「このかたも偉い人になられて、すごいな」と思いながら、年月の経つ早さを実感していた。

「通天閣の横のルナパークで、仕事の内容は違ごうても、同じ職人同士やった」

眼前のステージで踊りが始まったので正次郎は正面に向き直った。

静かに目をつぶって、一〇年前の忘れられない出来事を回想していた。太平洋戦争が終わって、宝塚の公演が再開する直前のことであった。

珍しく小林一三本人から伊勢屋にいた正次郎に電話がかかってきた。

以前はよく一三を訪ねて阪急の本社に行っていたが、その後多忙を極めた一三に会える機会がほとんどなくなっていた。だから突然の本人からの電話に正次郎は驚いた。

「松室さん、ご無沙汰です。実は折り入って頼みたいことがあってね」

一三が説明を始め、しばらく電話での打ち合わせが続いた。

「こばやっさん、はいはいはい、よーわかりました。ちゃんとさせていただきます」

と正次郎は立ったまま、いつものように深々とお辞儀をした。

尊敬する小林一三本人からの話でもあり、正次郎はいつもとは違って、テキパキと若い衆に指示を出していた。久しぶりに正次郎の眼光がキラキラと輝いていた。

その一ヶ月後。

三頭の「ゾウ」が石橋から宝塚までの道路を行進していた。

三台の大八車に乗せられた「ハリボテのゾウ」が石橋を出発して石橋商店街の北の端にある赤

い橋を渡り、元の能勢街道を行き、宝塚を目指した。

先頭を行くのはチンドン屋である。「クラリネット」「チンドン太鼓」「大太鼓」の三人編成。「クラリネット」と「チンドン太鼓」は、ちょんまげカツラをつけて、着流し姿。「大太鼓」は、日本髪を結った着物姿のお姉さん。三人ともドーランをびっしり塗っているのでその誰もが年齢不詳である。

背中に垂らした広告には、「宝塚へお帰り」と書いてある。

「赤いリンゴに（チキチキドンドン）クチビル寄せて（チキチキドンドン）・・・」と焦土となった戦後すぐに大ヒットとなった「リンゴの唄」を奏でている。

「リンゴの唄」は、戦争に負け食べるものにも事欠いた戦後の佗しい時代に人々を元気づけた歌である。

「チキチキコンコン　トントントントントン」

チンドン屋に続く人々からの掛け声もかかる。

「ドンドンドンドン、ワッショイ、ワッショイ、ドンドンドンドン、ワッショイ、ワッショイ」

一三は、戦争のために殺されたゾウがかわいそうでならなかった。ゾウに責任はない。人間が勝手に始めた戦争で動物が犠牲になることは、一三には耐え難いことであった。

「街を盛り上げるチンドン屋」甲川正文堂提供

第二次世界大戦後半に空襲に備え、動物園の猛獣が逃亡して人間に被害を及ぼすのを未然に防止するために多くの猛獣が殺された。絶食、毒殺や場合によっては銃殺も行われた。

ゾウには絶食の措置がとられたが、お腹をすかせたゾウが、餌をもらおうと飼育員に芸をやってみせたりしたのであった。

たった六年間の営業で廃止となった箕面動物園の苦い思い出も残っていた。戦争がすんだら、また本物のゾウを動物園に呼んできたい。その前に、「ハリボテ」でもいいからゾウが欲しいと一三は考え、正次郎に相談したのであった。

正次郎もハリボテを乗せた大八車を押し

ている。何ごとかと首をひねる人もいたが、子供達は大喜びでゾウの行列に加わった。一人、二人と行列の人数が増えていく。

「チキチンチンチン、チキチンチンチンチン」
「ワッショイ、ワッショイ」
「チンチントントン、チンチントントントン」
「ワッショイ、ワッショイ」

チンドン屋は、タカラヅカの名曲「すみれの花咲く頃」も器用に演奏した。

すみれのはーなーー咲ーくーころーー
はじめてきーみーをーー知りぬーー
君をおーもーいー日ごと夜ごとー
悩みしあの日ーのこーろーー
すみれのはーなーー咲ーくーころーー

今もここーろふーるうーー
忘れなきーみー我らのこーいー
すみれのはーなー咲くこーろーー

忘れなきーみー我らのこーいー
すみれのはーなー咲くこーろーー

石橋を出発して池田駅商店街へ到着する頃には行列は三〇人ほどになっていた。

商店街のおっちゃんも行列に入っている。よく見ると詰襟の阪急電車の職員も「ワッショイ、ワッショイ」と一緒になって喜んでいる。

歓声にびっくりして家から出てくる人や道を行く人たちは、いったい何の祭りかと驚きの目で見ていた。行列が宝塚に向かうのを知って、「ゾウが帰ってきたんや」と人々は理解をした。

宝塚に着く頃には、三頭のゾウの間隔が長くなり、二〇〇名を越す大行列となっていた。

ゾウの戻りを宝塚の街が歓迎した。

宝塚商店街の人もお土産屋の亭主も、宝塚ファミリーランドの職員も道路を埋めつくすようにゾウの一行を迎えた。紙吹雪が舞い、見ている人は拍手を送り、行列は「ワッショイ」を叫び続けている。まるでお祭りである。

「ゾウが動物園に戻ってきた!」と子供が叫んで走り回った。

ゾウを迎える行列の最前列に、小柄な七〇代の紳士が立っていた。

大八車を押している正次郎を見つけると、満面の笑顔で「松室さん、ありがとう。よーくできている」というや、自分も行列に加わって、両手を高々と上げて「ワッショイ、ワッショイ、ワッショイ」と一三が、嬉しそうに一緒になって踊り始めた。顔をくしゃくしゃにして、飛び上がって喜んでいた。

その姿は、恥ずかしがり屋の「ひっけ」の一三ではなかった。わんぱくだった子供の頃の一三に戻っていた。

正次郎は人々の反応に驚いて、一三にこう言った。

「こばやっさん、すごいお考えですね。こんなに人に喜ばれるとは、たいしたもんですねー」

正次郎は、一三のアイデア溢れるイキな行動に心底から驚いていた。

ゾウの行進がたまたま受けたのか、それとも一三はこれほど大勢の人が喜ぶことをそもそも予想していたのか。分かっていたのか。

「ワッショイ、ワッショイ、チンチントントン」
「ワッショイ、ワッショイ、チンチントントン」

正次郎も嬉しくて仕方がなかった。人々が喜んでくれたのも嬉しいが、尊敬する「こばやっさん」の溢れるような笑顔を見たからだ。

「こばやっさん」は、笑顔であるが涙をボロボロ流している。正次郎ももらい泣きした。普段はカメラが一三を捉えそうになると、いつも口を真一文字に結んでいたが、その日の一三は、タカラヅカ劇場の定位置「ロの二三番」で銀橋のスターに拍手を送っているのと同じ笑顔であった。

正次郎は死ぬまで知らなかったが、その時一三は自分が愛した正岡子規の名句を口にしていた。子規の死の前年明治三〇年（一八九七年）に、三〇歳で読んだ句である。

柔らかい風の中を見せ物のゾウが引かれていく場面を読んだと言われる俳句である。サーカス小屋から見世物のゾウを街に引っ張り出した時の街の人たちの反応を正岡子規は俳句にしていた。

一三はその句を、ちゃんと覚えていて、ゾウの行進をしたらこうなるだろうとの予測はできていた。

一三は、涙でぼやけてしか見えない正次郎の作ったハリボテのゾウに、子規のこの句の想いを重ねていた。心底嬉しかった。


「春風や象引いて行く町の中」（明治三〇年、正岡子規）

（完）

たまたま知り合いの元宝塚スターからいかに小林一三が偉大であったかを聞く機会がありました。

彼女が活躍した時期には、もちろん小林一三は亡くなっていましたが、「逸翁讃歌」という小林一三を偲ぶ歌を口ずさんでくれました。宝塚スターは、この曲は誰もが歌えるそうです。それほど小林一三は親しまれ、尊敬されている人物なのです。ＹｏｕＴｕｂｅでも見られます。

私は、読書会を東京（世田谷ビジネス塾）と大阪（石橋読書会）で毎月開催しており、多くの本を読んでいる若手と交流しています。また多くの企業とお付き合いして、「優れた経営者は読書家である」との自説を持っています。

読書は経営者にとって必須の勉強法であり、小林一三がその最たる例です。読書は、先人・先輩の思いを順送りしてくれる一つです。

人の話をよく聞き、本を読み、時代の先を読み、勇気を持って意思決定を行い、そして一番大切なことですが、行動する人間が、よき経営者であり、ビジネスパーソンであると確信しています。ぜひ、人様のメンターとして知恵や考え方を「順送り」していただきたいと思います。自分が学び成長することだけではなく、学んだことを利他の精神を持って、後世に順送りしていただきたいと思います。

企業内で言えば後輩の育成であり、家庭内で言えば子供の教育です。それだけではなく、後世や社会に順送りしていただきたいと思います。日本だけではなく、世界の人々に貢献してほしいと思います。

お金や知恵をあの世に持っていくことはできないので、ぜひ、次の世代に順送りしていただきたいと思います。

ある読書会で若者からこう聞かれました。

「あと半年でオーストラリアに赴任をするのですが、今何をすればいいですか?」

「はい、本をたくさん読むことですね」と私は言いそうになったのですが、今は海外にいても日本のアマゾンから日本の書物は簡単に手に入る時代だと思い直し、

「赴任前に、偉人の記念館や博物館・美術館を訪れるのはどうですか?」と言ってみたら、

「それ、やってみます！」と笑顔で納得してくれました。

ということで最後に、本書に登場した人物に関する美術館、記念館などを次ページに紹介させていただきます。

古川裕倫

令和五年十一月

【お勧め訪問先】

逸翁美術館（大阪府池田市、阪急文化財団）／小林一三記念館（池田市、阪急文化財団）／池田文庫（池田市、阪急文化財団）／適塾（大阪市、大阪大学運営）／渋沢栄一記念館（埼玉県深谷市）／根津美術館（東京都港区）／近江聖人中江藤樹記念館（滋賀県高島市）／大林組歴史館（大阪府大阪市）／松下幸之助歴史館（大阪府門真市）／五島美術館（東京都世田谷区）／カップヌードルミュージアム大阪池田（池田市）／酒造呉春（池田市、建物内見学不可）／稲束邸（池田市、建物内見学不可）／吾妻（池田市、うどん屋）／福助堂（池田市、逸翁美術館近くの和菓子屋）／三丘園茶舗（池田市）／望嶽亭藤屋（静岡県静岡市、事前連絡必要）／特別史跡旧閑谷学校（岡山県備前市）／恵那市岩村歴史資料館（岐阜県恵那市）／花巻新渡戸稲造記念館（岩手県花巻市）／大広寺（池田市、小林一三の菩提寺）／高法寺（池田市、川田田福の碑）／群馬県みなかみ町

本書執筆にあたり、取材などで多くの皆様にお世話になりました。この場を借りて御礼を申し上げます。（敬称略）

阪急文化財団（大阪府池田市、伊井春樹元館長、仙海義之館長）／小林家　小林喜美（池田市）／池田泉州銀行　清瀧一也・智代子（宝塚市）／倉智貴美子・重太（池田市）

向山建生、廣瀬典仁（甲府市）／山梨県立図書館（甲府市）／大林組歴史館（大阪市）／赤堀保裕（島田市）／望嶽亭藤屋（静岡市）／伊勢屋テック株式会社　松室利幸（池田市）／三井倉庫ホールディングス株式会社（東京都）／白羽ゆり（元宝塚、ホリプロ所属）／池田市役所（池田市）／中村作雄（東京都世田谷区）／福助堂（池田市）／三丘園茶舗（池田市）／深津卓也（上牧温泉辰巳館、みなかみ町）／マイク・ハリス（キャニオンズ、みなかみ町）／甲川正文堂（池田市）／高法寺（池田市）／インテリアカワムラ（池田市）

【参考文献】

（小林一三関係）
・『小林一三日記（一）、（二）、（三）』（阪急電鉄、非売品、逸翁美術館で販売）・『逸翁自叙伝　青春そして阪急を語る』（小林一三、阪急電鉄）・『逸翁自叙伝　阪急創始者・小林一三の回想』（小林一三、講談社学術文庫）・『逸翁自叙伝』（小林一三、日本図書センター）・『私の行き方』（小林一三、PHP文庫）・『次に来るもの』（小林一三、阪急電鉄）・『小林一三翁に教えられるもの』（清水雅、梅田書房）・『小林一三は宝塚少女歌劇にどの様な夢を託したのか』（伊井春樹、ミネルヴァ書房）・『小林一三の知的冒険』（伊井春樹、本阿弥書店）・『わが小林一三　清く正しく美しく』（坂田寛夫、河出書房新社）・『小林一三　発想力で勝負するプロの教え』（小林一三研究室、アスペクト）・『阪急＋東宝グループの超ノウハウ』（森彰英、講談社）・『小林一三　知恵は真剣勝負が生む』（永川幸樹、KKベストセラーズ）・『天才実業家小林一三　価千金の言葉』（小堺昭三、KKロングセラーズ）・『小林一三経営語録』（中内功、ダイヤモンド社）・『小林一三と松下幸之助』（片山又一郎、評言社）・『福沢諭吉の着眼塾　小林一三の行動塾』（永川幸樹、青春出版社）・『小説小林一三』（咲村観、講談社文庫）・『鬼才縦横』（小島直記、日経ビジネス人文庫）・『日本が生んだ偉大なる経営イノベーター　小林一三』（鹿島茂、中央公論新社）・『小林一三阪急と宝塚を創ったビジネスの天才』（世界の伝記NEXT、集英社）・『宝塚を作った男　小林一三の一生』（宝島社）・『茶の湯交遊録　小林一三と松永安左エ門』（阪急文化財団）・『与謝野晶子と小林一三』（逸翁美術館、思文閣出版）・『宝塚戦略　小林一三の生活文化論』（津金澤聰廣、吉川弘文館）・『阪急文化研究年報　平成二六年度　第四号』（阪急文化財団）・『関西人はなぜ阪急を別格だと思うのか』（井原薫、交通新聞社新書）

（その他）
・『近江商人魂　蒲生氏郷と西野仁右衛門（上・下）』（童門冬二、学陽書房）・『中江藤樹の生き方』（中江彰、明徳出版社）・『中江藤樹入門』（近江聖人中江藤樹記念館）・『先哲が説く指導者の条件　水雲問答　熊沢蕃山語録に学ぶ』（安岡正篤、PHP文庫）・『熊沢蕃山　人物・事績・思想』（宮崎道生、新人物往来社）・『入門　朱子学と陽明学』（小倉紀蔵、ちくま新書）・『論語より陽明学』（長尾剛、PHP文庫）・『現代語抄訳　言志四録』（佐藤一斎、岬龍一郎、PHP研究所）・『天明の絵師』（司馬遼太郎、講談社文庫、短編集『最後の伊賀者』から）・『代表的日本人』（内村鑑三、鈴木範久訳、岩波文庫）・『南洲翁遺訓』（山田済斎編。岩波文庫）・『人生の王道』（稲盛和夫、日経BP）・『学問のすすめ』（福沢諭吉、角川ソフィア文庫）・『福翁自伝』（福沢諭吉、角川ソフィア文庫）・『人間福沢諭吉』（松永安左エ門、実業之日本社）・『勝海舟と福沢諭吉』（安藤優一郎、日本経済新聞出版）・『堂々たる日本人　知られざる岩倉使節団』（泉三郎、祥伝社黄金文庫）・『氷川清話』（江藤淳・松浦玲編、講談社学術文庫）・『勝海舟の人生訓』（童門冬二、ＰＨＰ研究所）・『論語と算盤』（渋沢栄一、角川ソフィア文庫）・『渋沢百訓』（渋沢栄一、角川ソフィア文庫）・『渋沢栄一　一〇〇の訓言』（渋澤健、日経ビジネス文庫）・『電力の鬼　松永安左エ門自伝』（松永安左エ門、毎日ワンズ）・『自叙益田孝翁伝』（永井実編、中央文庫）・『子規百句』（坪内稔典、小西昭夫編、創風社出版）・『仰臥漫録』（正岡子規、岩波文庫）・『墨汁一滴』（正岡子規、岩波文庫）・『銀行王　陰徳を積む　安田善次郎』（北康利、新潮文庫）・『甲州財閥　日本経済の動脈をにぎる男たち』（小泉剛、新人物往来社）・『近代山梨を彩った人びと　甲州人物風土記』（雨宮要七、昭和書院）・『鉄道王雨宮敬次郎ど根性一代』（小林和生、東洋出版）・『中央線誕生』（中村建治、東京文献センター）・『東武王国　小説根津嘉一郎』（若山三郎、徳間文庫）・『大阪企業家ミュージアム』（大阪商工会議所人材開発部）・『中上川彦次郎の華麗な生涯』（砂川幸雄、草思社）・『大林芳五郎伝』（株式会社大林組）・『人を恐れず天を仰いで』（広岡浅子、新教出版社）・『小説土佐堀川　広岡浅子の生涯』（古川智映子、潮出版）・『食欲礼賛』（安藤百福、ＰＨＰ研究所）・『転んでもただでは起きるな!―定本・安藤百福』（安藤百福発明記念館、中公文庫）・『安藤百福私の履歴書　魔法のラーメン発明物語』（安藤百福、日経ビジネス人文庫）・『我が半生の記録　私の行き方考え方』（松下幸之助、ＰＨＰ文庫）・『道をひらく』（松下幸之助、ＰＨＰ研究所）・『経営心得帖』（松下幸之助、ＰＨＰ研究所）・『わが経営を語る』（松下幸之助、ＰＨＰ文庫）・『エピソードで読む　松下幸之助』（ＰＨＰ総合研究所、ＰＨＰ新書）・『神様の女房　もう一人の創業者・松下むめの物語』（高橋誠之助、ダイヤモンド社）・『琥珀の夢』（伊集院静、集英社）・『やってみなはれ　みとくんなはれ』（山口瞳、開高健、新潮文庫）・『近江商人魂（上・下）』（童門冬二、学陽書房）・『坂の上の雲』（司馬遼太郎、文春文庫）・『竜馬がゆく』（司馬遼太郎、文春文庫）・『武士道』（新渡戸稲造、岬龍一郎、ＰＨＰ文庫）・『いま、なぜ武士道なのか』（青木照夫、ウェッジ）・『葉隠入門』（三島由紀夫、新潮文庫）・『ヘタな人生論より葉隠』（本田有朋、河出書房新社）・『池田市史』（大阪府池田市）

（理念経営・リーダーシップ）

・『ビジョナリー・カンパニー　時代を超える生存の原則』（ジム・コリンズ、ジェリー・ポラス、日経ＢＰ）・『エッセンシャル版マネジメント　基本と原則』（ピーター・ドラッカー、ダイヤモンド社）・『チェンジ・リーダーの条件』（ピーター・ドラッカー、ダイヤモンド社）・『企業変革力』（ジョン・コッター、日経ＢＰ）・『カモメになったペンギン』（ジョン・コッター、ダイヤモンド社）・『上司の哲学』（江口克彦、ＰＨＰ研究所）・『自分のための人生』（ウエイン・ダイアー、三笠書房）・『向上心』（サミュエル・スマイルズ、三笠書房）

[著者]
古川裕倫（ふるかわ・ひろのり）
1954年池田市生まれ。早稲田大学商学部卒業。
1977年三井物産入社、23年間勤務。その間、ロサンゼルス、ニューヨークで通算10年間勤務。
2000年株式会社ホリプロ入社、同社取締役を経て、現在、一般社団法人彩志義塾代表理事、株式会社多久庵代表。2023年より池田市市議会議員。
主な著書に『他社から引き抜かれる社員になれ』（ファーストプレス）、『[バカ上司]その傾向と対策』（集英社新書）、『女性が職場で損する理由』（扶桑社新書）、『仕事の大切なことは「坂の上の雲」が教えてくれた』（三笠書房）、『ついていきたいと思われる大きな器のリーダーになれ』（ファーストプレス）、『あたりまえだけどなかなかできない51歳からのルール』『あたりまえだけどなかなかできない60歳からのルール』（明日香出版社）他多数。

◆一般社団法人彩志義塾　HP
https://saishi.or.jp
◆古川ひろのり
https://furukawahironori.jp
◆古川裕倫　フェイスブック
https://www.facebook.com/FurukawaHironori/?locale=ja_JP

タカラヅカを創った小林一三と明治人たちのリーダーシップ

2023年11月10日　初版発行

著　者　古川裕倫
発行者　奥本達哉
発　行　アスカ・エフ・プロダクツ
発　売　明日香出版社
〒112-0005 東京都文京区水道2-11-5
電話 03-5395-7650（代表）
https://www.asuka-g.co.jp
デザイン　太田公士
編集・組版　夢玄工房
校正　共同制作社
印刷・製本　シナノ印刷株式会社

ISBN 978-4-7569-2305-9

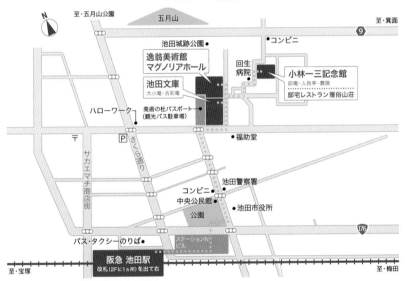

池田文庫

池田文庫の歴史は、小林一三が開いた娯楽場・宝塚新温泉内の図書室にさかのぼります。宝塚少女歌劇団（現在の宝塚歌劇）の公演が始まった翌年、大正4（1915）年に開設されました。

昭和7（1932）年には、図書室から宝塚文芸図書館に発展。演劇に関する図書や雑誌、宝塚歌劇の上演資料、歌舞伎資料を多数集め、現在の蔵書数は、図書・雑誌あわせて約27万冊に及びます。

小林一三記念館

小林一三記念館は、小林一三の旧邸である洋館「雅俗山荘」を中心に、小林一三の事績を紹介する施設として、2010年に開館いたしました。

2009年に逸翁美術館が新設、移転したことに伴い、新たに「小林一三記念館」として生まれ変わり、1973年に敷地内に増築された現「白梅館」とともに、逸翁の業績に思いをはせることが出来ます。

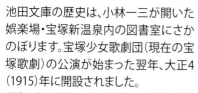

逸翁美術館 MAGNOLIA HALL マグノリアホール

当施設は、やわらかな間接照明に包み込まれた多目的ホールです。コンサートを行える機能をもち、「現代ピアノの祖」と称される1905年製「スタインウェイ　グランドピアノ」も備えています。座席数も用途に応じて変更可能（最大約120席）。主催公演のほか一般貸出も行っております。ピアノの発表会や講演会など、自由にご利用ください。

逸翁美術館 ITSUO ART MUSEUM

逸翁美術館は、小林一三（1873～1957）の雅号「逸翁」を冠し、昭和32（1957）年に開館しました。逸翁が収集した美術工芸品5,500件を所蔵しています。

逸翁は関心の幅も広く、当館が所蔵しているコレクションは、古筆、古経、絵巻、中近世の絵画（特に蕪村・呉春・円山四条派の作）、日本・中国・朝鮮・オリエント・西洋を含む陶磁器、日本・中国の漆芸品に及びます。

【古川裕倫の本】

『あたりまえだけどなかなかできない 60歳からのルール』

定年後も働くのも人生、リタイアするのももちろん人生。ではあるが、やはり働くと充実度が増す。

60代は新たな人生選択のとき。これからどう生きよう、と思う50代後半～60代に向けて人生のアニキが等身大で語りかける。

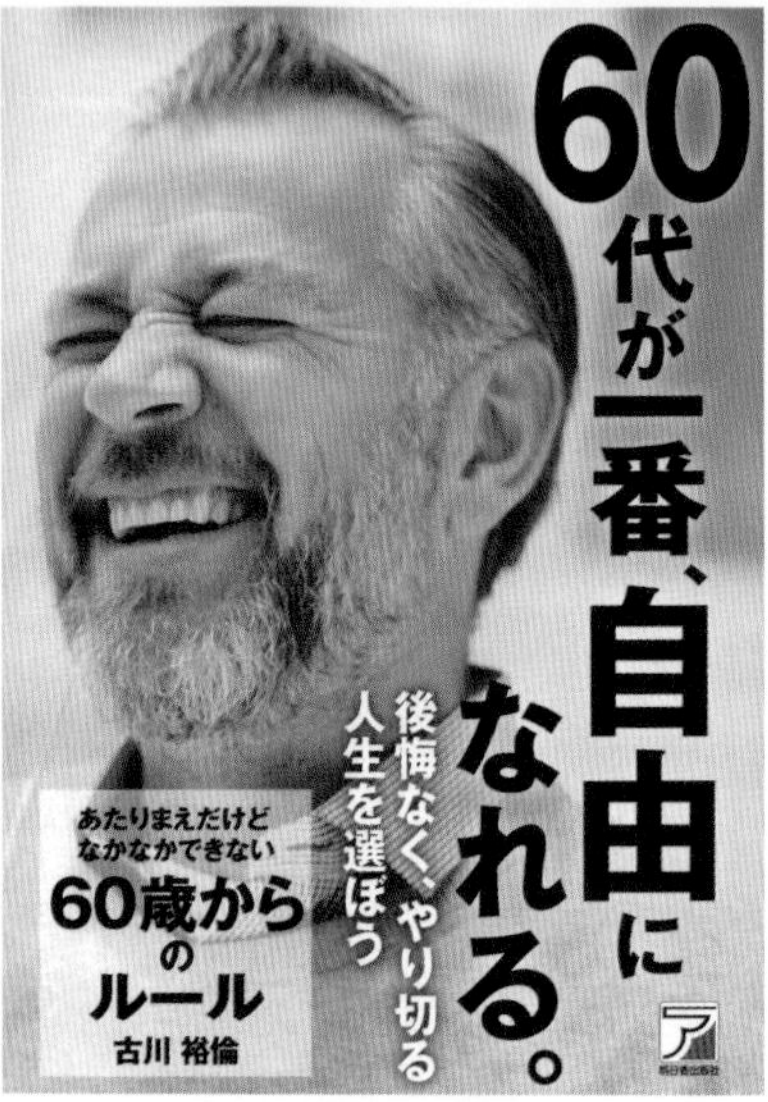

1400円＋税／ 2018年発行／ ISBN978-4-7569-1946-5

『あたりまえだけどなかなかできない 51歳からのルール』

仕事人生も30年近くになり、それなりの業績を残し、肩書きや責任もついた。定年まであと10年、どう形を後に伝えるか、どう応援するか。第二の人生をどう考えて実行していくか。人生後半戦を楽しく有意義に過ごすための、アニキからの指南書。

1400円＋税／ 2010年発行／ ISBN978-4-7569-1382-1